人権思想と
キリスト教

日本の教会の使命と課題

森島　豊

教文館

はじめに

1

人権の理念が法として定められていく過程には、常に抵抗権の自覚が民衆の主体性の中に存在していました。つまり、人権は抵抗権に支えられて発展してきたのです。あとで詳述しますが、この過程にキリスト教信仰の影響がありました。

けれども日本において、人権の理念が法制化していく歴史にキリスト教の影響があることの意義はあまり認識されてきませんでした。そのことは、たとえば日本の法学者である宮沢俊義の次の言葉に顕著に表れています。

キリスト教が少しも人権思想の推進に役立たないどころか、反対にその冷却に寄与しているとみられる場合すらないわけではないことが注意されよう。ここにいう人権の概念は、キリスト教の子でないばかりではなく、どの宗教の子でもない。……ここにいう人権は、本質的

には、宗教をはなれて成立するものであり、また宗教にかかわりなく、根拠づけられるものである。(1)

もちろん、宮沢もキリスト教の影響が全くないとは考えていません。「人権の概念が、ある範囲において、キリスト教思想、ことにプロテスタント思想によって、強く推進されたことは事実であろう」(2)と述べており、「プロテスタント思想がそれを推進することに非常に貢献したことは、明白な歴史的事実である」(3)と述べているように、歴史の中でキリスト教、特にプロテスタントの影響があることを認めています。けれども、彼は人権の思想を「人間性」(4)というところに見ており、その具体的意味は「すべての人間は、本質的に、自由な存在として取り扱われること」であり、「かような意味の人間の自由な存在への要請が、ここにいう人権にほかならない」(5)と考えています。そして、その根拠を宗教に求める必要はなく、もしそうするなら他宗教や無神論者たちに対する妥当性が失われると考えるのです。したがって、彼は宗教的色彩を持たない自然法の概念を推進します。(6)これが日本の憲法学を牽引している中心的立場です。

けれども、実際に人権理念を法制化へと向かわせる動力と成り得たのは、人間の自由な存在を支えるキリスト教信仰が基盤にあり、具体的には聖書の福音の力を発揮した伝道の影響が重要な歴史形成力の一つとして存在していたのです。

2

日本の支配者たちは、学者たち以上にこの事実を敏感に認識していました。彼らは理屈ではなく、政治的嗅覚によって抵抗権と人権の背後にキリスト教の影響があることを知っていたのです。例えば、次のような逸話が残っています。豊臣秀吉が朝鮮戦争のために博多を訪れた時、秀吉の夜のお供をする娘を調達するため、一人の側近が有馬領（島原）に出かけました。ところが、少女たちは天下人の誘いに「嫌だ」と答えました。驚いた側近が「なぜか」と問うと、「私はキリシタンですから」と答えたそうです。(7)

これは秀吉にとって衝撃的な事件となりました。実際に、この報告を聞いたその夜、かの有名な「伴天連《ばてれん》追放令」を発令したのです。当時、天下人の命令に逆らう人など誰もいませんでした。間違ったことでも、「右を向け」と言われれば右を向き、「死ね」と言えば切腹しました。そのような時代です。その天下人に、僅か一〇代の小娘が抵抗したのです。秀吉は、当時財産程度にしか受け止められていなかった小娘をして、天下人に抵抗し得た精神を与えるキリスト教に恐れを感じたに違いありません。この精神を大名が持てば危険だと考えたのです。

果たして、その危惧は優秀な家臣高山右近において確かめられました。右近は秀吉からの信任のあつかったキリシタン大名でした。その秀吉に棄教を迫られたとき、右近は次のように言いました。

私は日常、心魂を傾けて太閤様にお仕えして参りました。今といえども、太閤様のおためなら、脳髄をくだき、土まみれにしてもいといません。ただ一つの事以外には太閤様のご命令には絶対に背くものではないのです。その一つの事、信仰を捨てて、デウス（神）に背けという仰せは、たとえ右近の全財産、生命にかけても従うことはできないのです。それはデウスとの一致こそわれわれ人間がこの世に生まれた唯一の目的であり、生活の目標でありますから、デウスに背くことは人間自らの存在意義を抹消することになります。キリシタン宗門に入った人はこのことを皆、よく心得ているのです[8]。

（傍点筆者）

天下人への絶対服従を拒む精神を恐れていた秀吉は、この出来事により確信を得て、徹底したキリシタン迫害を進めていきます。

この方針は、支配者が変わっても変わることがありませんでした。たとえば、徳川家康においても同様の出来事が起こり、彼に恐れを抱かせます。家康がキリシタン禁令を発布し、棄教を迫った時、彼が寵愛する三人の侍女がそれに抵抗しました。そのことについて次の報告があります。

この三人については、王（家康のこと）が信仰を捨てるように命じた。まずこわがらせるために彼女らを牢屋のような一室に閉じ込めた。しかし、この公方家の重だった三人と他の多くの婦人がそこへ行ったとき、キリシタンに対する王の怒りや、彼に従わないならば受けるべき厳しい裁きに対し抵抗を続け、皆キリストの教えを捨てるよりもいかなる拷問でも凌ぐ覚悟をしている、と勇敢に答えるばかりであった[9]。

（傍点筆者）

家康は、彼女たちの固い決心を知ったとき、憤慨して「自分の命令に服さないのをゆるすことができない[10]」と述べました。ここからさらに厳しいキリスト教弾圧が繰り広げられていったのです。

日本の為政者たちは、絶対服従の存在として自己を神格化していきました[11]。彼らは為政者に勝る存在を根拠にして起こる抵抗精神に恐れを抱いていたのです。そのターゲットの中心には常にキリスト教の存在がありました。

幕府から明治政府に変わっても、この点は変わりません。明治政府も浦上四番崩れを起こしました[12]。有名な内村鑑三の不敬事件もキリスト教信仰との関係で現れました[13]。一八九九（明治三二）年八月三日には、明治政府によって宗教教育を禁止した悪名高い「文部省訓令第十二号」が発布されました[14]。これは宗教教育をすると上級学校への進学や徴兵猶予の特典を失うことが意味されていました。もはや宗教教育を続けることは、学校にとっても生徒にとっても不利益でしかない状況を作ったのです。

昭和に入ってもキリスト教弾圧はありました。戦時中、キリスト教のグループの一つホーリネス系の教会を弾圧し、解散させたことは有名です。抵抗した牧師の多くが獄中で亡くなりました。彼らが尋問で問われたのは「天皇とキリスト、どちらが神か。どちらに従うのか」というものでした（『ホーリネスバンドの軌跡』）。これは、ときの政府に従わなければどうなるかを見せつけるために行われたと言われています。

これらの出来事が物語っていることは、日本は集権的封建国家の建設を目指す中で、初めから抵抗権に至る思想的萌芽を摘み取っていたということです。明治維新は西欧的文化を多く取り入れましたが、よく考えてみますと、政治体制としては天皇を元首とする王政復古でした。そこでは、為政者に従わない存在と思想はゆるされませんでした。逆に言えば、為政者に従う限りにおいて、自由を得られたということです。その意味で言うと、大正デモクラシーは「檻の中の自由」であったのです。

日本の為政者たちは、鋭い政治的感覚によって、学者たちに勝って、抵抗の思想的基盤にキリスト教の影響があることを敏感に見抜いていたのです。その感覚は的を射ていました。そのため、日本では政治的政策によって抵抗権の思想的基盤が弱められてきたのです。それは人権形成に必要な動力を欠いていることにもなるのです。

3

本書の一つのポイントは、歴史において人権が法律として形成されていく中で、抵抗権が大きな役割を果たしていたということです。その抵抗権の確立と人権の発展にキリスト教プロテスタントの影響があるのです。さらに私どもの関心に引き寄せれば、この背後に聖書の福音を伝道した説教の影響があるということです。

けれども、プロテスタント伝道が僅か一五〇年を経たばかりの中にある日本では、この点で多くの課題があることも事実です。日本における説教者の育成に尽力している加藤常昭は、指導の中で「説教を教えるのは難しい」「どうしたら説教できるようになるのか」と嘆くことがしばしばありました。説教は行うことも教えることも簡単ではありません。テクニカルなことを超えて、臨在のキリストを証しすることだからです。単純な方法論では人間の心が神に向かう回心は出来事とならないのです。これまでもさまざまな取り組みがなされてきましたが、本書では日本において説教をできなくさせる要因を、人権思想史というパースペクティブから紹介し、その課題克服の道を探っていきます。

本書が辿る道を鳥瞰すると、第一に人権理念の成立と法制化の歴史的過程にキリスト教の影響があることを明らかにし、特に日本国憲法成立へと至る中でキリスト教会の福音伝道が人権思想を通して潜在的な仕方で影響していたことを紹介します。そこでまず第一章でイェリネックを手引きにして欧米におけるキリスト教人権思想史を概観し、第二章で日本国憲法、特にその基本的人権へのキリスト教思想の影響を探ります。第二に、人権形成における日本の課題を取り上げます。そこで第三章で日本の人権理念の法制化に貢献した人々の問題を神学的視点から考察し、第四章では時代の中で施された宗教政策から福音伝道と人権形成に立ちはだかる壁を報告し、日本のキリスト教会が置かれている現状を理解します。第五章では、さらに踏み込んで人権理念が日本に土着化しない原因と課題を、日本の「信教の自由」をめぐる宗教政策から明らかにします。最後に、人権形成というパースペクティブから、福音伝道者がそれぞれの時代においてどのように向き合ったのかを辿り、特に教会形成と福音伝道の取り組みから教会のあるべき姿を学びます。

目次

装画　小菅昌子
装丁　上野かおる

人権思想とキリスト教——日本の教会の使命と課題

第一章　教会の改革運動から人権形成へ

1

人権の法制化過程に福音の影響があることに注目して、人権の法制史的研究によりこの事実を実証的に検証して広く知らしめた最初の人物はゲオルク・イェリネックでした[1]。彼は「人権を法律として宣明することが信教の自由に起因する[2]」ことをロジャー・ウィリアムズを通して歴史的に検証し、その思想が一八世紀に広くアメリカに普及し、アメリカ諸州の憲法の中に初めて実現したことを実証しました。そしてその理念を遡ったときに、「生来の不可譲の人権という観念が、まず最初に、改革派教会とその分派の内部における政治＝宗教闘争の中で人々に決定的な力を与えるものに成長していった[3]」ことを指摘しました。

イェリネックの関心は、「どのような原因で、ある思想が現行法にまで高められ、他の思想が憲法的に承認される道を閉ざすことになるのか、……それらの理念を現行法に転化した生きた歴史的な諸力は何であったのか[4]」ということでした。そして、「フランスの憲法制定国民議会が公布した《宣言》」が「ヨーロッパの憲法史にとってどのような意義を持っているのか」という点から検討し、「アメリカ諸州の《宣言》がフランスの《宣言》に先行する」ことを実証し、「フランス人がアメリカの《宣言》を模範として用いた」ことを明らかにしました。(6)

日本においても日本国憲法が成立していく過程の中で、潜在的に同様の影響があったと考えられます。日本国憲法の成立についてはさまざまな立場があり、占領軍に「押し付け」られたとする議論が時折なされますが、(7)最近研究の進展によりそれとは違う見方が多く紹介されるようになってきました。そこで重要な存在が法学者鈴木安蔵です。(8)彼は吉野作造を通して自由民権運動の私擬憲法を発見し、その影響のもとで憲法草案を作成し、GHQがこれを大いに採用したという経緯があります。(9)この時に参考にした明治時代の私擬憲法の多くは、アメリカの独立宣言等から大きな影響を受けていました。(10)そしてこれらの一連の重要人物に共通しているのは、キリスト教の影響を受けているということです。

本章では、まずイェリネックを手引きにして欧米におけるキリスト教人権思想史を概観し、特にその人権の理念の成立と法制化していく過程に与えたキリスト教思想の影響を探ります。

2

「普遍的な人権を法律によって確立せんとする観念の淵源はアメリカのイギリス植民地におけ

る信教の自由である」[11]としたイェリネックは、それが「政治的なものではなく、宗教的なものである。……実は、宗教改革とその戦いの結果なのである」[12]と結論しました。その教会改革運動の中でもカルヴァンを重要視して、「私は《人権宣言》の起源をルターにあるとしたのではなく、カルヴァンにあるとしたのである」[13]と述べました。

イェリネックは、人権形成の起源においてカルヴァンに注目しましたが、ルターの働きも無視するわけにはいきません。当時の絶対的存在である教皇に異議申し立てをし、聖書に基づく神への服従を求め、神の前に一人立つ人間であることを自覚して『キリスト者の自由』を書きました。また、聖書の言葉を自分たちの言語で読めるように翻訳し、自分の言葉で礼拝し、通じる言葉で説教することを求めました。この取り組みがどんなに礼拝を豊かにしたかは評価してもしきれないほど大きなものであると思います。もちろん、抵抗権や人権の発展にも無関係ではありません。

けれども、イェリネックは人権思想史においてルターの限界を認識していました。それは抵抗権における教会と国家の関係です。ルターの運動は領邦国家に支えられていました。この歴史的な教会改革運動は、ナショナリズムを刺激することで力を得た反教皇主義に支えられていた側面があるのです。したがって、実質は教会のトップが教皇から国王に変更しただけで、本質的な自由の問題解決にはなっていない傾向を持ちました。教会改革運動家は教皇に抗議し、抵抗しましたが、自分の身柄を保障している王や領主に抗うことは難しかったのです。今日でも評価が分かれていますが、ルターが圧政を強いる統治権力者にたいして反抗した農民たちの戦い（農民戦争）を支持せずに、領主側についたことも、それと無関係ではないでしょう。

つまり、ルターの教会改革運動は国家に支えられていたため、ここから後の人権に関わる抵抗権は生まれてこないとイェリネックは判断するのです。教会と国家が結びついている限り、信仰が政治的関心によって曲げられてしまうことは容易に起こります。したがって、抵抗権は教会と国家が分離（政教分離）した形態において誕生するのです。そのためには次世代の登場が必要でした。そこで登場するのがジャン・カルヴァンです。

3

カルヴァンは、国家権力からの教会の信仰上の独立を要求したことにより、教会と国家の関係におけるルターの二統治説の限界を克服しました。特に重要なのは、君主や国家に対する抵抗権を認めたことです。

カルヴァンは、国家や君主は神によって制定されたものであるから、たとえ悪しき支配者であっても服従すべきであると考えます。[14] けれども、「もしかれらが、神に反逆して何かを命令するならば、われわれはそれを決して認めてはならない」[15] と述べて、神意に背き、神への服従から離れさせるものには抵抗すべきことをはっきりと示したのです。[16] これは「民衆の自由の擁護者」として下位の官憲職にある者に課せられた責任ですが、[17] 論理的に言えば人民主権に行き着くもので、トレルチは「この狭い橋の上を歩んでカルヴィニズムは、フランス、ネーデルラント、スコットランド、イングランドの偉大な闘争において、民主主義、人民主権、そして諸個人による合理的な社会構成というラディカルな自然法を創り出すまでに至った」と述べています[18]。

神への服従が人間である支配者への義務より上にあることを根拠とする抵抗権の思想は、後のイギリスのピューリタンたちにも継承され、生まれながらの人権という考えを伴って宗教的根拠に基づいて表現されました[19]。ヘンリ八世のイギリス教会改革により始まる英国国教会は、政治的要因で進められた側面が強いので、教会の内実は従来のカトリック教会の在り方と近似していました。そこでイギリスにおける教会改革の徹底を求めたピューリタンたちの運動は、最初は教会改革運動として出発しました。ところが、エリザベス一世を始め国王による国民的礼拝様式の統一によって弾圧され、それに抵抗する形で信仰の自由を求める運動へと変化したのです[20]。

事の発端はエリザベスによる礼拝様式の統一でした。礼拝統一はイギリスでただ一つの教会が存在するために必要な政策だったのです。この動きは政治的要求から来ています。国家は国を統一するためにユニフォームの着用を求めました。一つの（ユニ）形（フォーム）にすることで統一を図ったのです。しかしピューリタンにとって、その内実は旧体制であるカトリックに戻ることと同じでした。教会改革運動の徹底を求める人々は、この動きに抵抗したのです。

ところで、これまでの時代、国王に対抗する存在は教皇でした。上に立つ存在への服従を拒むには、別の服従する存在が必要なのです。しかしピューリタンたちはカトリックの教皇に訴えるわけにはいきません。つまり、教皇に頼ることなく、いかにして国王に対抗していくのか、という新しい問題が起こるのです。そこで、大陸の教会改革運動の影響を受けたピューリタンが根拠としたものが〈聖書〉です。聖書が証しする神を根拠として、神意に背く王の要求に抵抗したのです。

この抵抗を単なる利権を求めた政治運動と見ては、彼らの動力をとらえられません。一方で、ピューリタンをただの真面目人間と考えては、歴史を動かしたこの動きを理解することができません。彼らは聖書を通して自分の存在意義を再発見し、救われた体験をしている人々なのです。聖書を通して、自分の存在意義を新しく知った喜びに生きる者にとって、聖書の言葉のリアリティを失った世界に生きることは耐えられないことだったのです。

政府当局は統一政策に従う（コンフォーム）ことを求めましたが、これに従わなかった者は非国教徒（ノンコンフォーミティ）と呼ばれていきました。彼らがピューリタンであり、そのうちのあるグループが弾圧を逃れて新大陸アメリカに渡っていくのです。

4

この運動は当初大学人たちによる「政治運動」[21]でしたが、これが挫折して「説教運動」へと転向し、その理念が民衆の中へと浸透していきます。そして弾圧の中で自分たちの信仰の自由を求める動きが、英国人の権利を求める運動と結合しながらピューリタン革命へと進んでいくのです。

ケンブリッジ大学のトリニティ・カレッジを拠点とした抵抗運動はすぐに政府当局によって鎮圧され、息の根を止められてしまいました。つまり、大学を拠点とした大学人の運動は挫折するのです。政治的手腕のあるエリザベスは、これらの抵抗勢力に対して巧みな政策をとりました。それは彼らがエリザベスの主権に関わるような政治的抵抗を企てる限り弾圧するが、そうでない限りは寛容に対処したのです。政治運動に挫折したピューリタンたちは、政治問題に直接触れずに、信仰の事柄に集中する「説教運動」へと転向していきました。政治的に観察すれば、エリザベスの政策は成功しました。少なくとも、エリザベスの治世では大きな抵抗運動は起こりませんでした。通常このような政治的対応をすると、抵抗運動は時間と共に骨抜きにされる傾向があります。ところが、ピューリタンたちの運動は、この挫折を経ることによって、かえって後の歴史を動かす大きな運動となっていのちを吹き返します。その理由は、彼らのとった道が「説教運動」だったからです。

大学を追放されて地下に潜っていった人々は、説教運動の形をとって、民衆に聖書を説教していきます。そうすることで、民衆の中にピューリタニズムの精神が浸透していったのです。つまり、ピューリタンの運動は、インテリ運動から民衆運動へと変化していくのです。しかも、この場合の民衆運動は、政治や憲法の勉強会では起こり難い継続性をもたらしました。政治的な運動は社会が不安定なとき関心が高まりますが、情勢が安定すると問題意識を失う傾向があります。

けれども、説教を通した救済体験の内容は、常に彼らの現実存在に関わっているので、風化することが少なかったのです。

こうして民衆に浸透したことで、ピューリタンの運動は長い歴史をかけて民衆の社会的運動となり、ピューリタン革命へと向かいます。今日憲法に定められている人権の理念は、この運動の中から現れるのです。

5

ピューリタンたちの説教運動は、エリザベスの後の時代から弾圧されていきます。弾圧の中で生まれる自分たちの信仰の自由を求める動きが、英国人の権利を求める運動と結合しながらピューリタン革命へと進んでいくのです。信仰の自由と英国人の権利というのは二つの運動です。一方は信仰者の運動で、他方は世俗の法学者の運動です。この両者が結びついて一つの社会的・国民的な動きになっていくのです。

ここでは紙面の関係上、複雑に絡み合った歴史的背景を詳細に紹介することができないので簡単に紹介します。エリザベス一世の後王位についたジェームズ一世の絶対王政の体制に対して、法律専門家コモン・ローヤーたちがイギリス人としての権利を擁護するために、王に反対しました。その権利を守る闘争の中で、彼らがピューリタンたちの運動と結合していくのです。ピューリタンたちは、国家教会の主教たちによる儀式的な説教に辟易し、聖書の言葉を福音として語ることのできる説教者を求めました。そして日曜日の午後に自発的結社として集会を始めました。政府はこの集会に弾圧を加えます。集会が弾圧されると、彼らは信仰の自由を求める運動を展開し、コモン・ローヤーたちが支えるようになります。それが自分たちの自由な集会をする英国人の権利と結びついたからです。このようにして、信仰の自由を求める運動と英国人の権利を求める運動が結びついて、革命へと向かっていきました。この動きが後の信教の自由を法律によって保障することへと結実するのです。

6

イェリネックは、この歴史的文脈の中で二つの動きに注目します。一つは、一六四七年ピューリタン革命戦争の最中に開かれた革命軍内部の「パトニー会議」に提出された憲法草案『人民協約』です[22]。

『人民協約』の正式名称は『普通人権と自由とに基づきたる確固適切なる平和のための人民協約』です。この中には議会が専制化しないための保障、すなわち〈信教の自由〉、〈強制兵役の拒否〉、〈言論の自由〉、〈法律適用の平等〉などの人権項目が明記されていました。『人民協約』の歴史的意義は、今日の人権項目を法案の形で歴史上初めて明記した文章であり、人民主権を原理とした近代民主主義憲法の原型であることです。つまり、人権と主権在民は同じ戦いの中から形成されてきた歴史的産物なのです。言い換えると、どちらかが崩れると、どちらも崩れるということです。

特に注目すべきなのは、この会議の中で、「イングランドで最も貧しい人といえども、最も大いなる人と同様に、生きるべき生命を持っていると本当に思う」[23]という発言にあるように、生まれながらの権利が主張されることです。人間の生まれながらの権利へと発展していく支柱になっているのは「神の法」あるいは「自然法」でした。[24]彼らは「自然法」という言葉を、「神の法」と同じ意味で用いていました。したがって、国家権力であろうとも侵害することのできない個人の自由や信教の自由の権利の法案は、聖書が語る福音的基礎づけをもってして主張されていたのです。

7

イェリネックが『人民協約』以上に注目しているのが、ピューリタン的信仰の原理によって北アメリカ諸州に展開した憲法です。特に重要視したのが、インディペンデント派のロジャー・ウィリアムズです。[25]初期アメリカ植民地に移り住んだ人々は、宗教的な理由で被ったイギリスでの迫害経験を忘れ、自分たちの宗教原理と一致しない者に対して不寛容に対処しました。ウィリアムズは、これに対してキリスト者以外の者も国家においては同等の市民的政治的権利を持つべきであると主張しました。

植民地政府の悩みの種であったウィリアムズは一六三六年に植民地から追放処分を受け、先住民に助けられながら彼らから譲渡された土地に新植民地プロヴィデンス（providence）を建設します。そこで入植者たちと交わした契約に、歴史上初めて信教の自由と政教分離の原則が明記されていました。[26] イェリネックが言うように、「宗教上の信念についての無制限の自由が……まったくもって熱烈な宗教心を持った一人の人物によって、これが承認された」[27]のです。

この信教の自由の原理は他の植民地においても承認されるようになり、生まれながらの権利概念を伴って発展していきます。特に一七七六年のヴァージニア州憲法は他のすべての州の憲法や「アメリカ独立宣言」の模範となりました。[28] ここには信教の自由や生命、自由、財産の「生来の権利」以外に、抵抗権・革命権、[29] 法の下の平等、言論出版の自由などが定められていました。[30] さらにペンシルヴァニア州の憲法においては、宗教による差別がないことと、[31] これらの自由が「将来永久に侵されてはならないし、この条項の文言はいかなる点においても変更されてはならない」と「一種の永久に有効な法」の力が付与されていることが宣言されています。[32] 以上のように、信仰の自由の戦いの中で人権理念が成立し、アメリカにおいて人権が法制化していったのです。

8

ところで、ロジャー・ウィリアムズの入植誓約書から「アメリカ独立宣言」までには約一三〇年の隔たりがあります。この間、いったい何があったのでしょうか。

この時期、理神論が流行り、啓蒙主義的な合理性を重んじる考え方がアメリカ大陸にも入ってきました。後のアメリカ建国の父祖たちは、人権理念の法制化を実現しましたが、彼らが理神論の影響を多く受けていたので、そこに信仰の要素があることを疑う人々もいます。たとえば、人権思想史において極めて重要な「アメリカ独立宣言」を起草したジェファソンなどは、信仰内容に関しては疑わしいところが多くありました。実際に彼らは聖書よりもジョン・ロックから多くの影響を受けていました。したがって、たとえ文言に「神」や「創造主」が入っていても、それを形式的なことと考える人が多くいます。

歴史を紐解いていくと、実際に信仰についての関心のない人々を通して人権が法制化されていく過程があります。けれども、本人たちの自覚を超えて、キリスト教的文化価値が社会に影響し、潜在的な仕方でキリスト教思想が人権形成に影響を与えていることがあるのです。その一つの例証が、〈信仰復興運動〉の影響です。

理性が重んじられていた時代、枯渇した魂は、まるで眠りから覚めるかのように信仰復興運動となって現れました。この魂への救いを求める動きに応えるものとして、イギリスとアメリカに似たような運動が起きました。イギリスの運動はウェスレー兄弟によって始められ、「メソディズム運動」とも呼ばれています。アメリカの運動は、ジョナサン・エドワーズ（一七〇三―一七五八）とホイットフィールド（一七一四―一七七〇）によって始められ「大覚醒」と呼ばれています。

両者とも説教運動でした。遡れば両者ともピューリタンの影響を受けています。彼らは教会の外に出かけていき、市場や広場で説教しました。イエス・キリストの十字架による贖いの恵みを、聖書に基づいて説教することで、救いの確かさを求める心に応えたのです。社会的な激動の時代にあって既成宗教に飽き足らず、また政治運動や労働運動にも関わり得ない人々は、心の安らぎを求めて彼らの説教を聞きに来たのです。

彼らの説教には人の心を動かす力がありました。たとえば、実利家で一〇〇ドル札の肖像としても有名なベンジャミン・フランクリンは、献金で一文も出すものかと決め込んでいたにもかかわらず、ホイットフィールドの説教を聞いて、ポケットの中のお金をすべて捧げたほど心を奪われました(33)。彼らは確かにレトリックに長けていましたが、それだけではこの現象は起きません。もっと深く魂に触れるものがあったのです。一言で言えば、説教を通して神に愛されている自己を発見する経験を与えたのです。

極めて個人的な救いの体験を与えた信仰復興運動は、社会的な倫理的実践へと人々を自発的に動かしました。先ほどのフランクリンの行動に見られるように、説教は聴衆の心に訴えかけ、自発的行為を起こさせたのです。

ウェスレーはこれを「キリスト者の完全」という教理で伝え、この名の書物も出版しました。ここで言う「完全」とは、神の完全な愛において成り立つ人間の神と他者への愛を意味しています。この完全は、信仰によってのみ受け取られ、瞬間的に与えられるものだと主張されました。この宗教的体験を「回心（コンヴァージョン）」と呼びます。それは生き方や人生の目的が正反対に向かう（コンヴァーズ）ことを意味しています。

たとえば、有名なのが「アメージング・グレイス」を作詞したことで有名なジョン・ニュートン（一七二五―一八〇七）です。彼は黒人奴隷を運ぶ奴隷船の船長をしていましたが、嵐の中で回心し、後にウェスレーやホイットフィールドに出会って牧師となります。ある一説によると、この歌詞のメロディーは、アメリカ南部の黒人奴隷たちが働きながら口ずさんでできたと言われています。ニュートンはその後、ウィリアム・ウィルバーフォース（一七五九―一八三三）にも影響を与えたことで知られています。ウィルバーフォースは二〇年間の戦いの末、一八〇七年奴隷貿易を廃止する法案を可決させました。そのウィルバーフォース自身、回心を経験した人でした。

他にも、社会問題に対する政治政策に信仰復興運動の影響が見受けられます。たとえばイギリスにおいて、奴隷制度廃止（一八三三年）、工場法（一八三三年）、一〇時間労働法（一八四七年）、公衆衛生法（一八四八、一八五七年）、教育法（一八七〇、一八七六年）などの、労働条件・衛生状況・教育環境の改善、等の法の制定にはこの運動が関わっています。これらの改善運動に特徴的なことは、この主張が貧困層によってではなく、主として比較的裕福な階級による願いから来ていたことです。彼らは信仰復興運動の影響を受けた世代だったのです。

これは歴史的に新しい展開を物語っています。人権理念はこれまで支配される側から主張されてきたからです。ところが、支配する側の身分から人権形成への積極的な運動が起きたのです。この政治的動向の根底には社会に浸透した福音の動機が影響しています。イギリスのバーミンガムで社会的影響力を持っていたR・W・デール（一八二九―一八九五）は、この動きが「教会がキリストから受けとめ、世界が教会から受けとめた、すべての人間に対する敬意」[34]から来ていたと主張しています。「すべての人間に対する敬意」という理念は、アメリカにおいても発揮され、「神の前では万人が平等だ」という理解を民衆に浸透させていきました。

9

信仰復興運動のもう一つの特徴は、その運動がイエス・キリストに焦点を当てていくことです。この特徴は、このときによく歌われた讃美歌にあらわれています。たとえば、大衆伝道集会でよく歌われていたのは、先に触れたジョン・ニュートンの「アメージング・グレイス」や、クリスマスで歌われる「ジョイ・トゥ・ザ・ワールド」を作詞したアイザック・ウォッツ（一六七四―一七四八）の讃美歌です。どちらも、イエス・キリストの御業を賛美する歌です。[35]ウォッツの讃美歌は広く歌われ、英語の四大讃美歌の一つに数えられる「さかえの主イエス」は、次の聖書の言葉に基づいて書かれていました。

このわたしには、わたしたちの主イエス・キリストの十字架のほかに、誇るものが決してあってはなりません。

（ガラテヤの信徒への手紙第六章一四節）

このように、理神論的な信仰が強くなる一方で、大覚醒運動のように十字架のキリストに集中する動きが起こるのです。そして、社会全体を見ると、大衆はイエス・キリストに示された神の愛に共感をしており、そちらが大勢なのです。この社会勢力が人権に関して政治的要求を繰り返してきました。実際に、政治家の働きかけ以上に、女性の人権や公民権運動に大きく作用したのは、繰り返しアメリカで起こる大覚醒運動の影響が大きいのです。

イェリネックが言うように、このようにして「生来の神聖な諸権利を法律によって確定せんとする観念は、その淵源からして、政治的なものではなく、宗教的なもの[36]」であり、「福音が告知したもの[37]」なのです。したがって、法制化した人権の歴史的生成過程には「宗教的確信というエネルギー[38]」があるのです。これら「アメリカ独立宣言」とアメリカ諸州の憲法は、後の明治に生きる日本人たちに多くの影響を与えました。彼らが心惹かれたのは、抵抗権とその根拠となるキリスト教思想だったのです。

第二章　日本におけるキリスト教人権思想の影響

1

次に、これらの人権思想の歴史的文脈と日本国憲法制定過程の関係を確認します。先にも述べたように、日本国憲法の成立過程において鈴木安蔵ならびに憲法研究会の影響がありました。GHQ案の責任者の一人であるマイロ・E・ラウエル陸軍中佐は、憲法研究会の草案を見てその内容が「民主主義的で、賛成できるものである」(1)と高く評価し、この「民間の草案要綱を土台として、いくつかの点を修正し、連合国最高司令官が満足するような文書を作成することができるというのが、当時の私の意見でした」(2)と述べています。

憲法研究会の中で唯一の憲法学者であり、重要な役割を担った鈴木安蔵は(3)、プロテスタント教会の熱心なキリスト者の家庭で育ち、故郷福島県相馬郡小高町を離れるまで、後に政治家・農民運動家になる杉山元治郎牧師のもとで教会生活を送りました。(4)けれども、故郷を離れて仙台の第二高等学校そして京都帝国大学に入ってからマルクス主義の影響を受け(5)、その後キリスト教会から離れていきます。それでも鈴木と親しかった研究者たちは、潜在的にキリスト教の影響があったことを感じていました。

鈴木安蔵の研究者金子勝は、青年期の「同盟休校」の指導者になった出来事について、それを「キリスト教的ヒューマニズム・正義感が培われていたことの証明であると考えられる」[6]と述べています。これは相馬中学校時代に横行していた上級生による下級生への不当な暴力制裁（リンチ）に対して、暴力排除を求める抗議書を校長に突き付けて三日間の「同盟休校」を決行した出来事です。学校当局は、鈴木たちに処分を下しましたが、[7]彼らの主張を認め、リンチを黙認してきた態度を改め、以降校内暴力が一掃されました。この「みんなひどい目にあわされたし、これ以上不当な暴力は許せない」[8]という思いから出た後の抵抗権につながる鈴木の行動を、金子はキリスト教の影響と見ているのです。

その後、鈴木は京都帝国大学時代の一九二六（大正一五）年最初の治安維持法違反である「日本学生社会科学連合会事件」で検挙され、翌年有罪判決を受けた後、大学を自主退学します。その後一九二九（昭和四）年『第二無産者新聞』での活動が治安維持法違反にあたるとして再逮捕され、一九三二（昭和七）年まで入獄します。その獄中で多くの憲法論に関する著作を読み、特にキリスト者であった吉野作造に心惹かれるようになります。吉野作造は晩年に憲政史研究に取り組んでいたのです。そして出獄後一九三三（昭和八）年、吉野の友人であり熱心なキリスト者である岳父（妻の父）栗原基を通じて、晩年の吉野作造と面談が実現しました。[9]吉野作造との面談は、鈴木の生涯における決定的な出会いの一つになります。

2

吉野は鈴木に「憲法制定史を専攻研究するものが絶無といってもよい[10]」と語り、鈴木の後の研究に道筋を与えました[11]。後年、明治文化研究、特に憲政史研究に取り組んでいた吉野は、一九二四（大正一三）年「明治文化研究会」を発足させます[12]。この研究会は、前年の関東大震災で幕末明治の貴重な資料が焼失したことにより、危機感を持った研究者や好事家たちを集めて動き出しました。この会の最大の業績は『明治文化全集』全二四巻の刊行です[13]。鈴木安蔵は『明治文化全集』の中にあった起草者不明の「日本国国憲案」と出会います[14]。この内容に心惹かれ、起草者を探る研究が始まります[15]。そして一九三六（昭和一一）年五月二六日から六月二日まで高知県に赴き、自由民権運動に関する貴重な資料を多く発掘します[16]。そこで植木枝盛の「日本国憲法」（草稿本）を発見し、詳細な検討の結果「東洋大日本国国憲案」（「日本国国憲案」清書本のこと）の原案起草者が植木枝盛であると断定したのです[17]。今日、自由民権運動の有力な思想家として歴史的位置を持つ植木枝盛の存在は、鈴木安蔵の功績によるところが大きいのです。

3

鈴木が枝盛の憲法草案に惹かれてこれを追い求めたのには、「国民自由権の確保」だけでなく、「徹底的な抵抗権の諸規定」が明記されていたからです[18]。その植木枝盛[19]は、思想的形成期にキリスト教の影響を受け、洗礼を受けた確証はないが、「今我儻《とう》ノ宗教トハ、我儻《とう》ノ尊信スル聖書ニ従フ基督教ナル純粋ノプロテスタント即自由ノ派ナリ」（傍点筆者）と宣言しています[20]。さらに特筆すべきことは、一八八四（明治一七）年フルベッキら宣教師を高知へ招いて伝道集会を行い、それによって翌年五月一五日に片岡健吉と坂本直寛（南海男）[21]が受洗して高知教会誕生に至るのですが、その宣教師たちの招致・伝道に尽力した一人が枝盛だったのです[22]。

枝盛のキリスト教との最初の接触は、一八七五（明治八）年五月一七日、日比谷教院付近で説教を聞くことから始まり、頻繁にさまざまな教会を訪れます[23]。またその前年から五年間でキリスト教関係書物を少なくとも五一冊は読んだ形跡があることからも、キリスト教に関する関心が相当高かったことが窺われます[24]。枝盛がキリスト教に関心を示す一つの要因として考えられることが、彼自身も聴衆の中にいた高知伝道に招かれて行った宇野昨弥の説教（一八八一［明治一四］年）に表われています。

> 自由ノ天権ヲ剝奪セラレ之ヲ恢復スルノ法僅カニ腕力ノ外之ヲ恢復スルモノナキトキハ宜ク之ヲ用ヒテ之ヲ恢復スベシ。例之米国革命ノ如ク然リ。（中略）是レ蓋シ政府ハ社会ノ為メニシテ社会ハ政府ノ為メニ構造セラレタルモノニ非ズ。真誠ノ自由ハ必ズ流レテ社会ノ万端ニ及ボシ決シテ壅塞スベカラザルナリ。当時（米国革命・南北戦争）ノ義血ハ多クハ基督教信者ノ精神ノ溢出シタルモノナリ。已上挙グル所、耶蘇教自由精神ノ溢出シタル万支流中ノ重大ナルモノナリ。[25]
>
> （傍点筆者）

ここで語られていることは武力を用いた抵抗・革命の権利です。しかも、犠牲をいとわぬ権利獲得の戦いの根底にキリスト教信仰があることをアメリカ独立革命等から明らかにしています。おそらく枝盛のキリスト教への関心の一つは、ここで語られている抵抗権と関わる説教内容であったと考えられます。もちろん、この時代抵抗権については教会外でも語られていましたが[26]、重要であったことはその根拠です。枝盛は同時期にアメリカ政治や憲法に関する書物も読んでいましたが[27]、そこで後の「日本国国憲案」の抵抗権に影響を与えたアメリカ独立宣言等も知っていました。そして、おそらくそこで宣言されている抵抗権とキリスト教信仰との結びつきに関心があったと言えます。

この関係を辿るに当たり、枝盛のその後の歩みの中で一つの重要な事件があります。彼は一八七六（明治九）年、『郵便報知新聞』に寄稿した「猿人君主」の文書が官憲の忌諱に触れて投獄させられました。[28] この内容は、人間は思想する者だから、思想させなくする政府は人間を猿にするという内容でしたが、標題から誤解を招き二か月の牢獄経験をします。出獄後、彼はそれ以前と異なる過激な内容を投稿し始めます。出獄翌月「自由ハ鮮血ヲ以テ買ハザル可カラザル論」と題する匿名の投書で「最モ自由ヲ得ルト称スル米国人民ヲ見ンカ……当時米国人民其ノ心志ヲ憤激シ手足ノ労ヲ惜マズ、鮮血ノ流ルヽヲ顧ミズ、是決シテ英国ニ反キ独立ヲ謀リ成セシコトヤ。之ヲ要スルニ今日ノ自由ハ昔日ノ鮮血ノ滋養シテ繁茂シタル大木ノ如キ也」[29]（傍点原書）と述べ、「極悪〇〇ヲ除キ至不良〇〇ヲ転覆シテ其国民ヲ安ンズルハ天理ノ不可ナル所ニ非ルナリ。之ヲ名ケテ人民不得止《やむをえぬ》ノ権利ト云フ」[30]として抵抗権と革命権を宣言するに至るのです。宇野昨弥の「義血」と植木の「鮮血」から、ここに共通点のあることが分かるでしょう。いずれにしても、植木は自由獲得の権利の戦いに犠牲が伴うことを自覚したのです。そして、そこにアメリカ独立宣言が重要な位置を持っていました。

4

枝盛がアメリカ独立戦争の中に彼の考える自由の現れを見、その自由のための戦いが決定的ともいえる刻印を彼に与えたことは、他の書物を見ても分かります。[31] また、『天賦人権弁』においては、その「人身自由ノ権」「生命自由ノ権」[32]という人間の権利について「之レヲソノ人ハ天然ニ生活ノ権利ヲ有スルモノト謂フベシ[33]」と述べますが、この文言にも独立宣言の影響を見て取れます[34]。また一八八〇（明治一三）年『言論自由論』においては「西国の蜜爾敦《ミルトン》曾《カツ》テ云ク、自由ノ衆多ナルモ、我ニ与フルニハ先ヅ我ガ信ズルニ従テ之ヲ知リ、之ヲ言ヒ、之ヲ論ズルノ自由ヲ以テセヨ」[35]（傍点原文）という書き出しで始まっています。ここで言うミルトンとは、ピューリタン革命から王政復古にかけて文筆活動したあのミルトンです。つまり、枝盛は抵抗権と自由を支える思想的根拠において、独立戦争とその抵抗権に関わるピューリタン的キリスト教に関心を示し[36]、「聖書ニ従フ基督教ナル純粋ノプロテスタント即自由ノ派ナリ[37]」（傍点筆者）と述べたのでしょう。そして翌一八八一（明治一四）年「日本国国憲案」を起草します。この枝盛の私擬憲法案が吉野作造を介した鈴木安蔵を通して現在の日本国憲法に影響を与えるのですが[38]、この法制化の過程の中にキリスト教信仰に基づく人権思想が流れているのです。

第三章　日本における人権思想の受容・形成の課題

1

以上、人権思想が法制化していく過程におけるキリスト教信仰の関係を見てきましたが、次にこの流れの中に共通する課題から日本の問題を考察していきます。それは、ここで取り上げた人物たちがキリスト教会あるいは正統的なキリスト教会の信仰から離れていくことです。

植木枝盛は、若年キリスト教信仰に関わる書物を三つも書き[1]、生涯にわたってキリスト者との親交を持っていましたが、一方で一八八二（明治一五）年「無神論」を書いてキリスト教を批判し[2]、後に仏教に親近感を持ち始めています。これについて家永三郎は、植木枝盛がキリスト教を手段として利用したのであって、本質的に信仰者であったわけではないと断定しています[3]。家永が根拠としているのは、先の三つのキリスト教啓蒙書が当時翻訳されたキリスト教書の口移しで、枝盛に特徴的な独自性がないことを挙げています[4]。

ここで注目したいのは、枝盛はキリスト教に関する文章において、『天道溯原』を参考にして自由なる人間の本性を語るのですが、キリスト教信仰の核となるキリストの十字架の贖罪や罪については触れないことです。[5]そして、未公刊の『無天雑録』では、キリストは人間であるにもかかわらず「上帝ノ一子ト称シ、巧ミニ教法ヲ作リ、万人ヲ籠絡《ろうらく》」したものにすぎず「億万ノ人間皆十分ニ才智ヲ研磨シテ之ヲ発達スレバ、皆耶蘇ノ如キニ至ルベク、且ツ耶蘇ニ勝ルニ至ルベシ」とまで述べています。[6]要するに、人間の理性的な知に重きを置く枝盛は、初代教父の時代と同様なキリスト論の問題、特にキリストの神性と衝突し、これを否定しているのです。

別の言い方をすれば、人権思想史においては、神が三位一体の神でなくなっていくのです。たとえば、アメリカの建国の父たちは宗教心を持っていましたが、イエス・キリストの神性を受け止められませんでした。つまり、イエスを神ではなく、教師や模範者として受け止める傾向がありました。その思想史的原因の一つは啓蒙主義の影響です。合理性を重んじていく人々には、イエスの神性が理解できないのです。ですから、創造主なる神だけで考えるのです。教派で言えば、三位一体の神を否定して、神の唯一性を信じるユニテリアンの傾向が強くなるのです。けれども、興味深いことにアメリカやイギリスでは、その背景でイエス・キリストに集中していく信仰復興運動が起こっています。合理性が支配していく社会の中で、その反動のようにして十字架によるキリストの贖いが強調されるのです。それはアメリカ建国時代だけでなく、奴隷解放運動や女性の権利拡張運動が主張されたときにも、背後で第二次・第三次大覚醒運動が原動力として影響を与えていたことからも裏付けられます。

日本においても、人権運動家たちに入ったキリスト教はユニテリアン的になっていきました。高知でもユニテリアンの影響が入っていきますし、自由民権運動家の多くはユニテリアンの傾向が強かったのです。たとえば、立志社の片岡健吉は、イギリス外遊中に岩倉使節団の一員でもあったロンドン留学中の馬場辰猪から「面白きはユニテリアンなり、且つ是《こ》れ最も真理に近き者なるべき」と勧められて、ユニテリアンの教会に何度も足を運びました。そして、武器・軍制・政治などと共に、「宗教別してユニテリアンをも輸入せざる可からざるを信じ」たと言っています(7)。

また、片岡の受洗に際して次のような逸話が残っています。

> 衆議院の名議長であつた片岡健吉氏が、洗礼を志願せられた時、ノックスさんが、その試問をせられたが、何も神の子についての同氏の信仰がはっきりしておらず、とかくユニテリアン風なので、ノックスさんはどうも確信をもって洗礼することに躊躇せしめられたさうだが……そこで、ノックスさんは、諄々《じゅんじゅん》と基督の神性を説き聞かせ、さて、あなたはかうした信仰を希望せらるるか否かと質《たず》ねたら、片岡氏は、さう信じたいと思うと答へられたので、ノックスさんは、断然彼を受け入れ、其翌日、洗礼せられたということだが(8)。

このことからも、高知や自由民権運動家たちがユニテリアン的な信仰であったことが分かります。おそらく、彼らも合理性や理性を重視していたので、キリストの神性や聖霊なる神について理解できなかったのでしょう。ところが、日本においてはアメリカのようにイエス・キリストに集中していく運動がほとんどおこりませんでした[9]。そして、結果的に日本の歴史の中では、人権運動がそのはじめから無神論的になっていく傾向があるのです。それを物語るのが植木枝盛の辿った道です。

キリストの神性を否定するところでは十字架の贖いの意味が分からなくなります。したがって、枝盛の論述の大体においては、キリスト論および贖罪論抜きで創造主なる神に集中し、自由なる人間の本性を論じます。彼はさらに「心ノ自由ヲ得ルヲ以テ神ト成ルト為スモノナレバナリ[10]」と述べて自己神格化する思想へと傾き、人間の罪に対する洞察力を欠いていきました[11]。つまり、キリストの神性の否定は、十字架による贖罪の意味と人間の罪認識を不明確にするので、自己相対化する術を失っていくのです。いずれにしても、思想力を重んじながら自由の根拠を探っていた枝盛は、キリスト論においてキリスト教信仰に躓き、教会には根付かず、自由なる人間の本性の根拠を他に求めて思想的遍歴を始めたのではないでしょうか。「無神論」はその考え方がもたらした彼の立場を表しているのでしょう。

2

ところで、最初に紹介した宮沢俊義は、「すべての人間は、本質的に、自由な存在」という

「人間性」を基にして、宗教的要素を除外した考察をしていましたが、これはまさに枝盛が直面した問題が克服されずに現代に至っている一つの表れでしょう。このことが現す深刻な問題の一つは、その理想的解釈によって人権が歴史形成力を持たない観念的な思想となっている現実です。初期の民権運動は政府の弾圧に屈してやがて継承者を失っていき、鈴木安蔵に受け継がれた憲法運動においても受け皿が育たず、時代ごとに断絶し、研究者の間では「ヨーロッパみたいにつながっていかない[12]」「思想的受け皿がないために、民衆の伝統が伝統化されない[13]」ということが課題とされています。近年ではむしろ逆に、人権形成に反動的側面が強くあることが明らかです。たとえば、二〇一二年四月二七日発行の『日本国憲法改正草案Q＆A』では、日本国憲法の最高法規にある基本的人権についての第九七条の以下の名文を全文削除することを提案しています[14]。

第九七条　この憲法が日本国民に保障する基本的人権は、人類の多年にわたる自由獲得の努力の成果であつて、これらの権利は、過去幾多の試錬に堪へ、現在及び将来の国民に対し、侵すことのできない永久の権利として信託されたものである。

『日本国憲法改正草案Q＆A』には、この条文を全文削除することが明記されていますが、その理由の説明は一言もなされていません。いずれにしても、最高法規にある「人類の多年にわたる自由獲得の努力の成果」である基本的人権の条文を削除するということは、思想的に言えば高レベルの危険信号であり、日本においては時代を経るに従い人権形成に逆行する動きがあることは明らかです。これはエートスの形成・継承の問題であり、それを養う場の欠如が課題となっているのです。法制化へと向かわせた力は、それを護り発展する力にも成り得るでしょう。重要なことは、なぜそれが日本に欠如するのかということです[15]。

結論を先んじて指摘すれば、その要因の一つは抵抗権の根拠の欠如にあると言えます。鈴木安蔵は憲法私案において、「国民権利義務」の中に「新政府樹立権」として抵抗権を掲げ、「政府憲法に背き国民の自由を抑圧し権利を毀損するときは国民これを変更するを得」という革命権の文言を入れていました。けれども、憲法研究会における作成段階で、メンバーの一人であった室伏高信《こうしん》から疑問が出されて、一人でも疑問が出た場合には載せないという鈴木の方針によりこれを削除しました（一三一―一三二頁、注18参照）。したがって、現在の日本国憲法には抵抗権や革命権を明文化したものがありません。つまり、潜在的な仕方で日本人の主体性に関わるキリスト教人権思想は、歴史の中では抵抗権に支えられて発展し、日本国憲法に至る人脈を結びつけたのも抵抗権なのですが、それが明記されずに憲法が成立するという皮肉な結果になっているのです。ここには日本人の中で天皇制に勝る思想を持つことがいかに困難であるかという現実が現れています。この問題については後で取り組みます。

3

本書の人権思想史を辿る中で注目した抵抗権の思想は、神への服従が人間である支配者への義務より上位にあることが根拠とされていました。つまり、自由なる人間の本性が神への服従と結びついている中で発展してきたのです。この両者の分離は人権の歴史形成力の欠如につながります。この問題点をとらえていたのは明治期の伝道者植村正久です。彼は自由民権運動家たちの「人格と其の展開を容すべき餘地の要求とに基ける自由の観念は餘り深刻に感ぜられて居らなかった」[16]と指摘しています。そして自由民権運動家たちに語った次の言葉は、今日でも傾聴に値します。

眞正なる自由は、眞正なる服從なり。……神に從はざれば、世に從ふ。靈的にあらざれば物的なり。當然從ふ可きものを奉ぜざれば、從ふ可からざるものに屈服するに至らずんば止まず。眞正なる自由は、天地の主宰なる神を奉じ、耶蘇の負はしむる軛を負ひ、己を彼の裡に沒するに依りて全ふせらる可きのみ。多くの人其の正當の君を蔑如《べつじょ》し、私を營み、形に役せられ、物に驅使せられつゝ、自由釋放の天地に出でんと擬す。其の徒勞に終わる、亦宜《うべ》なるかな。[17]

自由獲得の歴史的運動は、自然的な天賦人権論に基づくものではなく、「道義に根差し、眞理に基く[18]」福音主義的信仰運動[19]において形成されてきました。それを担った「キリスト教信徒の権利自由の観念は、最も従順なる十字架に由りて渙発せられ[20]」るものです。すなわち、キリストの血によって贖われた神の子としての人間観を持つ人々が、その価値を失わせる勢力に抗う抵抗権を主張したのです。求められることは、P・T・フォーサイスの言葉を借りれば「福音の中心から生じさせられ、基礎づけられた霊的自由[21]」であり、その人間を創造するところの「霊が御言葉を現実にする場所[22]」としての教会の形成です。

日本の人権運動においてはその始まりから、一方において「基礎づけられた自由[23]」の理解と教会形成が不十分なまま、他方において人間の自由と神への服従の結びつきが不明確なまま、この運動を担う「宗教的確信というエネルギー」なしで進んできた嫌いがあります。その原因の一つは、枝盛をはじめとして人権運動家に共通するキリスト論・贖罪論・教会論の欠如の傾向にあるでしょう。

吉野作造は、教会を重んじましたが[24]、キリストの神性において問題がありました[25]。バプテスト教会で受洗した吉野は、後にその説教に不満を持ち、キリストの神性が曖昧な海老名弾正の教会に転会します[26]。海老名のキリスト論は「人性の至聖至善なる所は即ち吾人が神と尊崇するものと類を同ふするものと考え[27]」、人間性の至聖至善に神性を見て、先の枝盛のキリスト論と似た仕方で「神の子」としての人間をとらえています。その海老名のもとで教会生活を送った吉野作造も、近藤勝彦が指摘しているように、「『キリストの十字架』の『贖罪』なしに人間を『神の子』と想定している」[28]考えを持っていました。一方、鈴木安蔵に至っては、熱心なキリスト者の両親のもとで育ち、妻も栗原基という熱心なキリスト者の家庭で育っていたにもかかわらず[29]、後の鈴木家はキリスト教会とは無縁の生活を送るようになります[30]。鈴木においては、社会運動に強い関心を持つ牧師のもとで育ったので初めからこの方向性を持っていたのかもしれませんが、ここにも日本において教会が社会に関わる時に起こる問題が現れています[31]。

いずれにしても、鈴木安蔵は時代的に日本にプロテスタント教会が伝わって三世代目にあたりますが、この三人の流れの中に日本のプロテスタント教会の課題、すなわちキリスト論に基づく贖罪信仰と教会形成の欠如が凝縮しているように感じます。しかし、それは広く日本の国の在り方に影響を及ぼす責任ある課題です。したがって、日本の人権形成において求められることは、「宗教的確信というエネルギー」をもたらすところの贖罪信仰に基づく神学的考察と福音伝道、そしてそれと不可分な新しい人間を創造する原点と拠点としての教会形成であると言えるでしょう。

ところで、先ほど日本においてイエス・キリストに集中する運動が起こらなかったと言いましたが、一九八七年加藤常昭の呼びかけで始まった説教塾の運動は日本における福音主義運動を担い得る大きな要因の一つです。説教塾が認識している説教理解は、植村正久の言葉にあるように、今ここに生きておられる十字架の主イエス・キリストを紹介することです(32)。現在教派の違いを超えて二〇〇名以上の説教者が属するこの運動体は、これからの日本の人権思想史においても重要な存在意義を持っているのです。

それでも、なかなか思うように伝道が振るわない現実があります。特に、説教者に乗り越えられない問題があるようです。それがよくわからないのも現状です。次に、筆者のパースペクティブからその要因の一つと考えられる日本の宗教政策が作り上げた環境について触れてみたいと思います。

第四章　日本の宗教政策におけるキリスト教会の位置

1

第二次世界大戦中の日本において福音伝道に生きた伝道者・牧師の一人に熊谷政喜がいます。太平洋戦争時代のキリスト教会を批判的に論じる立場に対して、それをより深く考察するために、加藤常昭が必ず紹介する説教者です。特高警察が同席する中で預言者の言葉を語り続け「誤てる政治と預言者」、「偽りの平和」、「神の怒り」などという題を掲げながら説教しました。このような預言者の孤独な戦いを知っているが故に、加藤は当時の教会の実態を見ずに批判する言葉に次のように言います。

当時の教会員の言葉に耳を傾け、牧師たちが何を説教したかをきちんと聴き取った上での批判であろうか……戦争中のキリスト教会がどのように語り、どのように生きたか。それがどこまで捉えられ、理解されたか。私には疑問が残ります。痛みを伴う問いが残ります。(1)

熊谷については、アメリカ人であったアイナ夫人が白い肌をさらし雑炊食堂の前の行列の中にいたことを伝える逸話も残されていますが、今日では想像をできない厳しい試練に満ちた日々を過ごされた方です。それだけに、熊谷の驚くべき逸話が残っています。

一九四六年初頭、実は私は神ではなく人間であったという天皇の言葉、いわゆる人間宣言が、新聞の一面を飾った。新憲法について議論が始まった。教会に増えた青年たちは、新憲法を論じては、天皇制廃止に傾いた。戦争中、天皇の名によって、あれほどの危機にさらされた熊谷牧師は、その議論を聴きながら、突然涙を流し、もう二度と天皇を批判してもらいたくないと訴えた。英語で訴えた。天皇への愛は、私のインナモースト・センチメント、最も深い心に宿る思いであるというのである。思いがけない言葉に青年たちは言葉を失った。(2)

もちろん、熊谷が天皇を神のように敬うことはありませんでした。礼拝に先立つ国民儀礼に参加しなかったことからもそれは明らかです。(3) ちなみに加藤は戦争中の天皇に対する思いを問われた時、「私は、天皇に対する一種の畏怖の念があったが、キリストの神を畏れるように畏れることはなかった」と述懐しています。(4) 熊谷も天皇を神とすることはありませんでした。それがまた厳しい孤独の戦いを強いたのですが、それにしてもその原因の一つを作り出したはずの天皇への愛の思いは想像を超えています。加藤を含めた教会の青年たちが「思いがけない言葉」と言っていることからもそれは明らかです。

けれども、天皇に対する同様の感情は当時のキリスト者たちの中にも見受けられます。[5] たとえば、恵泉女学園の創設者で、戦争中、学校に御真影を掲げることを拒否し、自らの神以外の神を拝むことを排斥し続け、たびたび検挙された河井道は、戦後GHQから天皇が処刑されることになったらどうするかと問われた時、「もし陛下の身にそういうことが起これば、私がいの一番に死にます」と答えたと言われています。[6] 歴史家が見ると、キリスト者の中で「天皇とイエス・キリストを調和させていた」と思わせる現象が起こっていたのです。[7]

本章で取り組みたいことは、過酷な試練を経験したキリスト者をしてそのように天皇を受け止めさせた日本の国の本質と向き合うことです。おそらく、日本における〈福音伝道と人権形成〉の大きな壁となっている一つが、この日本の仕組みにあると考えるからです。キリスト教会においては聞きづらい他宗教や政治の話も出てきますが、日本の構造を理解する上で大事なことですので、少し我慢して付き合ってください。

2

今日の日本の姿を見抜く時に欠かせない時代が明治維新です。[8] 明治維新は王政復古の大号令とともに進められましたが、具体的には「諸事神武創業之始ニ原《もと》ヅキ」[9]と、神武天皇が樹立した始源の政治に帰ることを意味していました。その内容は祭政一致による政治体制でした。

この体制を採用する背後には、明治政府が自らの政権の正統性を確保したかったという思惑があります。維新政権は、薩長と岩倉具視をはじめとする一部の公卿《くぎょう》が政権を簒奪したものと疑われていましたので、その政権の正統性の根拠を天皇の神権的絶対性に基づかせる必要がありました。この点において、朝廷政治を復古したい岩倉たちと倒幕を目指していた薩長は一致していたのです。[10]

天皇の神的権威は「天照大神ならびに天孫の御後裔《ごこうえい》」[11]であるという『古事記』と『日本書紀』の神話と結びつけられていました。天照大神の子孫たる皇統（天皇の血統のこと）が現在の天皇にまで至るという国体思想を最初に定式化したのは国学者本居宣長《もとおりのりなが》ですが、政治的次元で至高の権威と責任を持った主体として天皇が登場するのは幕末維新期の国学者たちによっていました。[12]

維新政権が課題としたのは、この宗教的意識を全国に広げ、民衆に浸透させることです。そこで行われたのは神祇官の創設[13]と神社の天皇主義化、すなわち神道国教化です。

最初に行った一つが「神仏分離」でした。[14]これは奈良時代以降続いていた神仏習合を禁止するために行った一連の行政処置です。当時は神社と仏閣が区別できないほど混淆していたので、全国の神社から仏教的色彩を排除させる必要があったのです。[15]後に政策上仏教との関係が親密になっていきますが、この処置は神道教義の自立と確立につながりました。

同時に行ったのが、全国の神社を政府の直接の支配下において、もともとつながりがなかった皇室祭祀と結びつけ、民衆に浸透させたことです。[16]重要なことは、天皇とのつながり（皇室祭祀）を民衆に浸透させるために神道を利用したことです。そのために、明治天皇は神社参拝を行い、地域の民衆にどのような神を祭祀すべきかを定めさせました。[17]全神社に社格を授与し、[18]天皇の祭祀を基準とする祭典、遥拝《ようはい》（遠く離れたところから拝むこと）を行わせて皇室祭祀と直結させました。したがって、天皇が親祭（君主自ら神を祀ること）する祭典は一三にのぼりますが、そのうちの一一の祭典は明治維新以降に新しく創り出された儀礼なのです。[19]また、神社だけでなく、村や家の次元にまで徹底させるため法を公布し、氏子調べ制度を制定し、[20]家の神棚に天照大御神を祀り、「神棚を拝するを怠る者は、参拝一度を怠るの罰金若干、神拝を怠る事一日の罰金若干を定め、此法新律に加入すべき事」と罰則を定めました。[21]このようにして人々の生活空間に神話的表象に基づく天皇神権的国体思想が根付くように整えられていきました。

以上のような宗教政策により、神社と祭祀の制度的整備が行われ、法によって民衆の宗教生活を根本から改編し、生活習慣の中で政治支配者の統治権の神話的根拠の教育が意図されていたのです。この領域を詳しく調べた安丸良夫が指摘しているように、天皇の神権的絶対性から派生する諸観念（万世一系、祭政一致、天皇の世界支配の使命、忠孝の絶対性、等）は「その大部分は一八世紀末以降の政治的社会的危機状況の進展の中で醸成されたもの」なのです。[22]

3

これらの明治政府の政策〈祭政一致と天皇神権〉に壁として存在していたのがキリスト教でした。政府は新しい政治体制を崩壊させる危険があるとして、幕府の政策を踏襲して抵抗思想を育むキリスト教を敵視していました。けれども、外交上キリスト教を容認しなければならないジレンマに立たされます。さらに欧米列強国と対等に交渉し、富国強兵を目指すためには西洋諸国の諸制度を取り入れなければならず、〈信教の自由〉と〈政教分離〉が求められました。この両者は明治政府の方針と真っ向からぶつかるものでした。そこで彼らの方針〈天皇を中心とする祭政一致〉を変えずに西洋の制度〈信教の自由と政教分離〉を成立させる必要が生じ、試行錯誤の末に「日本型政教分離」と呼ばれる仕組みが出来上がったのです。[23] 重要なことは、後でも触れますがこのキリスト教対策でもある仕組みが今日も残っていることです。

きっかけの一つは有名な浦上四番崩れです。発端は一人のキリスト教徒が仏式埋葬を拒否したことから始まりました。外国人居留地に大浦天主堂が建設されると、密かに信仰を継承してきたキリスト者たちが宣教師の前に現れ、世界を驚かせました。彼らはこれまで余儀なく仏式で葬儀を行っていましたが、「是は役目迄にて、誠にウハノソラ」で行っていたのであり、今後は寺との関係を絶ち、自分たちの信仰で葬儀することを村人連名で庄屋に提出し、信仰の自由を主張しました。[24]驚いた長崎奉行所が対応を迫られ、政府が天皇神権による支配体制を固めるために厳しい弾圧に乗り出したのです。ところがその残虐さを西洋諸国から非難されたため、明治政府は釈明を余儀なくされ、英米仏独四カ国と明治政府首脳との対話が四時間にわたって行われました。[25]そこで語られた岩倉具視の発言の中にキリスト教弾圧が政治的要因であったことが示されています。

> キリスト教諸国の偉大さを眼の当たりにして、その国々の宗教が悪いものだとは考えていない。しかし現在、日本は新たに組織されたばかりであり、唯一の画一的信仰の維持は、良い政府にとって不可欠なことなのだ。そのようなところに、外国の宗教を急に入れれば、恐るべき混乱をまき起こすことになるばかりだ。日本にキリスト教を導入することを禁ずることは全く政治的諸理由によるものである。[26]（傍点筆者）

明治政府が恐れていた政治的理由とは、彼らの政治体制を脅かす抵抗思想です。具体的には「政府の命に公然と叛逆したこと」であり、そのことは「許すことのできない、最も有害な例を示したこと」になると受け止められていました。[27]

西欧諸国の大使は明治政府がここまでキリスト者の存在に危機意識を持つ理由が理解できませんでした。具体的には、キリストを信じる信仰が日本の政治制度にとって脅威となる理由が分からないのです。岩倉は次のように説明します。

本件に関しては、日本国政府の機構と諸外国のそれとの違いを承知してもらいたい。外国では政府は世論にその基礎を置いているとすれば、我が国の政府はミカド〔天皇のこと――森島注〕崇拝の上に基礎を置いている。それ以外の政府は日本では考えられない。先の政府、徳川幕府の場合も諸大名が、将軍はミカドの神権に十分な敬意を払っていないと見なし、将軍への服従を拒み、倒幕に至ったのだ。ミカドの権威は、国民の全階級によって擁護されるべきものである。……

我国の政府は独裁専制で、その命令は絶対服従されるべきものです。王政復古はその基礎をミカドの権威への服従に置いたものです。ミカドの権威が維持されなければ、ミカドの政府もありえません。(28)　（傍点筆者）

岩倉の言説から、天皇の神権が深く関わっていることがわかります。日本政府は天皇の神権に基礎づけられていました。したがって、政府に反することとは天皇神権を否定することなのです。キリストを信じることは、この基礎づけを揺るがすことになると認識されました。この両者の関係を同席した外務大輔（現在の外務次官）の寺島宗則《むねのり》は、天皇に対する「侮辱」という仕方で次のように説明します。

彼ら〔キリスト者〕は祖国の宗教を蔑視して大きな害悪をながしているのです。我国の政治制度とミカドの権威は、我国の宗教を土台に成り立っています。ミカドは国民が敬礼尊崇する天照大御神ならびに天孫の御後裔《ごこうえい》であらせられます。キリシタンは、全ての国民が神聖なるものとして考えなければならない対象を公然と軽侮するのです。彼らは天照大御神をまつる神社への参拝を拒否します。このことは、とりも直さずミカドを侮蔑し奉《たてまつ》る所以であります(29)。

同じく外務卿（現在の外務大臣）の沢宣嘉《のぶよし》は、生活習慣の次元から次のように説明します。

神道の神社の前にはどこにも鳥居があります。切支丹は決してそれをくぐり通らない。また仏壇や位牌、神棚やお札は、すべての日本の家にまつられていますが、キリシタンはこれを家から取り去り、侮辱します。このようなことは貴殿の目から見れば取るに足りないことのように映るかもしれませんが、我国民にしてみれば、それこそミカドに対する侮蔑の心を表白するものであります(30)。

明治政府にとって、神社参拝や日本の宗教生活の拒否とミカドに対する侮辱はつながっていました。これらの制度が天皇神権を支える機能だったからです。これを拒否することは、それによって立つ政治体制にとって致命的なことでした。したがって、政府が恐れていたのは、「天皇の神性」に対して抵抗できるキリスト教信仰だったのです。岩倉の次の言葉はその内容を率直に伝えています。

> 天皇陛下は天照皇大神からのたえることのない血統の御子孫であらせられ、従って、神性を有するお方であらせられると日本の国民が信じることは絶対に必要なことである。しかしながら、キリスト教ではその信者たるや神以外のなにものも信仰してはならぬと説いており、これは私どものこの信念に直接対立するものである。[31]
>
> （傍点筆者）

以上見てきたように、日本で絶対的な支配権を持つ天皇とそれを支える祖先神の権威を、キリスト者は創造主の前で相対化していました。明治政府のキリスト教信仰に対する敵愾心は、原理的には幕府時代と同様で、絶対的支配者を相対化させる神への信仰であり、それに基づく抵抗思想にありました。彼らはそれが聖書の神に従うところからきていることも理解しており、それこそが彼らの政治体制を脅かす存在であると認識していたのです。

4

しばしばキリスト教に対して、宣教師を植民地政策の手先であるという奪国論が言われますが、[32]少なくとも当時の政権を担っている人々にはその認識は少なかったと言えます。むしろ、欧米の政府と宣教師たちが一枚岩でないことが先の外交対話の中でも明らかにされています。カトリックの宣教師たちは条約規定を無視して居留地以外の村へ伝道に行き、フランス政府の悩みの種でもあり、フランス公使に「宣教師の件については、彼らの行動を取り締まり、力の及ぶ限り貴国政府を支援いたします」と言わせています。[33]古屋安雄が指摘しているように、カトリックとプロテスタントの「信仰の自由」についての認識の違いも作用したかもしれません。[34]歴史的にヨーロッパの体制と密接に結びついていたカトリック教会はそれ以外の信仰の自由を認めませんでしたが、特に米国のプロテスタント教会は各自の自由なる信仰を認めていました。ペリーは、宗教というものが政府や国にとらわれず、各自の信仰に任せるべきものであると日本政府に説いたと言われます。またイギリス代理公使アダムスは岩倉との会談で、次のように助言します。

最後に、自らの日本での経験から次のような結論に至った旨ここにお話しすることをお許しください。右大臣閣下〔岩倉のこと――森島注〕の議論には多大な真理が含まれており、現時点では、政府が自らに危険を感じることなくキリスト教信仰の自由を許可できる段階にまだ日本は至っていないと確信するものです。……ミカドの政府が未熟で、日本国内にまだ数々の障害となるような状況があるうちは、布教活動もひかえたほうが、〔キリスト教信仰の自由を許可できる時が――森島注〕より早く訪れるでしょうし、その現実性も大きいものと合えて考えます。(35)

これらの会談で明らかにされているように、キリスト教が帝国主義の手先であるという危機意識は明治政府にほとんどなかったと言えます。むしろ、政府の神経をとがらせていたのは、島原の乱の記憶から「キリスト教禁止をとけば、この国に革命をもたらすことになり、禁制の方針をそれまで採ってきた政府は打倒されることになるだろう(36)」と、自国民からの抵抗と革命への恐れの方が強く働いていました。少なくとも明治時代において奪国論は、社会におけるキリスト教批判のロジックとして民衆の間に浸透していたと理解した方が妥当かもしれません。

5

いずれにしても、キリスト教に対する弾圧は外交問題に発展し、「外交関係の調和を阻害するもの(37)」、「このような政策は悪結果を招来することを貴国政府に告知します(38)」と厳しい宣告を受けました。また、視察と条約改正のため欧米に渡った岩倉使節団が、どの国を訪問しても信仰の自由の要請を受け、それが条約改正の前提条件になっていたことから、信教の自由と政教分離は避けることのできない問題となりました。[39]

一八七三（明治六）年切支丹禁止の高札が撤去され、西洋の制度を学んだ者や自由民権運動が高まってくると、信教の自由を求める主張が有力となってきました。それに対して天皇神権による祭政一致を求める政府と、邪教・妖教と呼ばれたキリスト教と神道が並列されることに我慢ならない神道家の危機意識の高まりから、「宗教をこえた宗教としての神道国教制」[40]が求められてきます。

高札が撤去されたこの時はまだ、各宗教に自由が認められたとしても、それは「宜しく治教〔歴代の天皇が受け継いできた教え――森島注〕[41]を明らかにして、以って惟神《かんながら》の大道〔神の意に従う道――森島注〕を宣揚すべき」（大教宣布の詔）ことや、「敬神愛国」「皇上を奉戴《ほうたい》し朝旨《ちょうし》〔朝廷の意向――森島注〕を遵守」（三条の教則）[42]するという、神道に仕える条件付きの自由で窮屈なものでした。そこで反発が出たのはキリスト教ではなく仏教界からでした。特に有名なのが仏教界の島地黙雷《しまじもくらい》が主張した政教分離です。島地が主張したことは、「敬神」とは宗教であり、「愛国」とは政治であって、両者を混淆してはならないということです。[43]そして「三条の教則」の「敬神」は皇室の祖宗・祭祀であって、宗教ではないとしました。[44]

さまざまな圧力が加わる中で、政府も試行錯誤しながら一八七五（明治八）年一一月二七日に

「信教の自由」に関する通達を出しました。そこに「教法家は信教の自由を得て行政上の保護を受くる」とありましたが、そこでもなお「朝旨の所在を認め啻《ただ》に政治の妨害とならざるに注意するのみならず、務めて此人民を善誘し治化を翼賛する」ことが「義務」とされていました[45]。要するに、天皇神権を土台とする国家の秩序を乱さない限りにおいて、信教の自由を認めているのです。

この流れの中で、最終的に一八八二（明治一五）年一月二四日の通達により、「日本型政教分離」が出来上がりました[46]。そこで言われていることは、神官が葬儀に関与せず、死後の救済問題から手を引かせ（その部分は仏教に任せ）、神道祭祀を国民的習俗とすることで、神道を非宗教化したのです[47]。神社は国家機関であって、「教会に似て教会にあらず[48]」、皇祖崇拝は「宗教ではない祭祀[49]」という理解がここに誕生したのです。

初詣や七五三に宗教性を感じないのは、明治政府による宗教政策と無関係ではありません。そして、天皇の存在とキリストが両立できる仕組みは、この宗教政策から展開してきている側面が強くあります。後で取り上げますが、この宗教政策は戦後も一貫して残されていきます。ここでは「日本型政教分離」の仕組みを明らかにした安丸良夫の次の言葉を紹介します。

明治初年の神政国家に類する構想や宗教性のつよい神道国教主義は、文明開化の時代相の中でいそいで撤回され、祭祇儀礼を中心とした神社神道がそれにかわったが、天皇の神権的絶対性を強調することで民族国家としての統合をはかるという基本戦略は一度も放棄されたことはなく、またそれゆえに神道と国家との特殊な結合が失われたこともなかった(50)。

第五章　日本における「信教の自由」をめぐる問題

1

明治政府が編み出した「日本型政教分離」制度は、神社を宗教の外に置いたので、神道国家の中で他宗教の容認が可能となり、皇室祭祀による祭政一致と信教の自由ならびに政教分離を両立させることに成功しました。また、歴史的に神道そのものが農耕文化のリズムの中で発展し、死後の領域よりも現世の事柄に集中する傾向があったので、[1] 生活習慣の中に組み入れられた儀式的国家神道は、国民の中にも抵抗なく受け入れられていきました。神社神道に関わる祭りや年中行事に宗教性を感じず、文化として受けとめる傾向は、明治政府の宗教政策に大きく由来しているのです。

神道を非宗教化することに反対していた神道家たちも、神道を宗教より上位に置くことでキリスト教に並ぶ存在ではなくなり、この方針を進めるようになりました。[2] 後に教育勅語を起草する井上毅も、神道は国家祖宗の祭祀に専念し、各宗派（教派神道、仏教、キリスト教）には「トレランス（寛容）」を与えるという宗教政策を原則としました。[3]

しかし、これはローマ帝国が初代教会に行った寛容の宗教政策と同じでした。ローマ皇帝は他民族の諸宗教を認めましたが、それは皇帝をソーテール（救い主）と呼ぶ限りにおいてでした。キリスト教会は、ナザレのイエスを救い主と呼んでいたので、国家反逆罪のかどで迫害されるのです。[4]同様に、明治期の日本の「信教の自由」も天皇の神権を認める国益を乱さない限りという条件付きであったため、キリスト教徒はその後も迫害の歴史を経験することになります。[5]

次に、神道を非宗教化することで成立させた「日本型政教分離」を、立憲政治体制でも成り立たせるために『大日本帝国憲法』が作られます。[6]明治憲法を起草した伊藤博文は「この原案を起草したる大意」の中で次のように言いました。

> そもそも欧州に於いては憲法政治の萌せること千年余、独り人民のこの制度に習熟せるのみならず、また宗教なるものありてこれが機軸をなし深く人心に浸潜して人心これに帰一せり。しかるにわが国にありては宗教なるものその力微弱にして一も国家の機軸たるべきものなし。仏教は一たび興隆の勢を張り上下の人心を繋ぎたるも今日に至りてはすでに衰替《すいたい》に傾きたり。神道は祖宗の遺訓に基づきこれを祖述すとはいえども、宗教として人心を帰向せしむるの力に乏し。わが国にありて機軸となすべきは独り皇室あるのみ。これをもってこの憲法草案においてはもっぱら意をこの点に用い君権を尊重してなるべくこれを束縛せざらんことを勉め

り。[7]

（傍点筆者）

伊藤は西洋の立憲政治の機軸に宗教、殊にキリスト教の存在があることを認識していました。それを日本においては皇室祭祀で成り立たせようとしているのです。したがって、明治憲法全体がその枠組みに縛られていました。第二八条の「信教の自由」にも同じ制約がありました。そこでは「日本臣民は、安寧秩序を妨げず、及び臣民たるの義務に背かざる限りに於いて、信教の自由を有す[8]」と信教の自由が謳われていましたが、「臣民たるの義務」とは皇祖皇宗および天皇の霊をまつる神社等に対して不敬の行為をしないことを意味していました[9]。

2

憲法が制定される時期には、皇室祭祀としての天皇神権的国家意識を、宗教だけでなく、教育において担わせる動きが加速します[10]。教育が持つ国民への影響に気づいたのは岩倉使節団の時からです[11]。彼らは欧米各国での視察において国民に浸透させる教育の力を学ぶのです。この方針は『教育勅語』において実現されます。そして、憲法においても、教育勅語においても、その背景にキリスト教に対する警戒が強く働いていたことは、教育勅語起草者の一人である元田永孚《ながざね》の対応に明らかです。

天皇の侍講の立場にあった儒学者元田永孚は、キリスト者であった森有礼が文部省入りすることに警戒感をあらわにし、「将来はかることのできない国害を招くという故をもって、他省はともかく、文部省には絶対に入れてはならない」と伊藤博文に抗議しました[12]。元田も教育の重要性を認識しており、「三、四及至十四、五歳の幼童を対象として、天祖の敬すべき所以、国体の尊ぶべき所以を教え、仁義忠孝の道をもってこれを導」くことを意図していました[13]。教育は国体護持のためですが、同時に「キリスト教の蔓延を防ぐ[14]」手段でもありました。したがって、「キリスト教を主とするものを教官中におくことはできない[15]」と伊藤に詰め寄ったのです[16]。さらに元田は森に直接手紙で真意を問うていることから、どれほどキリスト教に対して神経をとがらせていたかが次の言葉からも理解できます。

足下《そっか》（森）は米国に遊学して耶蘇の教師について苦学したと横井から聞いたことがあるから、耶蘇教信者と察するけれども、日本の文部大臣として、耶蘇教のように、日本人に我が君公をすてて、耶蘇師を信ずる心を起こさしめるような教育を施す考えはないこととは思うけれども、何分足下（森）を疑う者が多いから、足下はたして忠君愛国の誠があるなら、僕（元田）に隠すことなく自ら信ずるところを告げてもらいたい[17]。

この言葉から明らかであるように、キリスト教を警戒したのは、神的な王に勝ってイエス・キリストを信じる信仰を起こさせるからです。政府にとってそれは抵抗思想を人民が持つことを意味していたので、体制を崩壊する思想的勢力が現れることを恐れたのです。しかも、それが教育機関に入ることを非常に警戒していました。キリスト教教育に弾圧を加えた後の「訓令第十二号」はこの頃からすでにその方向性を持っていたのです。

3

以上のことから、大日本帝国憲法と教育勅語の背景でキリスト教がいかに警戒されていたかが理解できるでしょう。その警戒感の具体的な内容は、支配者に対して抵抗する思想を生み出す信仰なのです。

この動きに内在するキリスト教への警戒心は、教育勅語の発布後三ヶ月後に起こった内村鑑三の不敬事件[18]で顕在化しました。ここでは紙面の関係上この事件について詳細に扱うことはできませんが、キリスト教会もこれに対応せざるを得ませんでした。しかし国家は、これに抗議する植村正久の『福音新報』を発禁にするなど、各方面に厳しく弾圧をしていきます[19]。

昭和に近づくにつれ国家の弾圧傾向は強くなりました。そしてこの国家体制の成立過程を知らない世代が増え、抵抗が弱まった時期に「三教会同」が開かれました。三教会同とは、教派神道、仏教、キリスト教が合同して国民道徳の振興に協力するために開かれた会合です。この会に、キリスト教を敵視し内村鑑三を攻撃した井上哲次郎が参加していたことは、国家の一つの判断を物語っています。それは、キリスト教が国家の圧力によって日本的習合と同じような性格を持つようになり、もはや恐れる存在でなくなったと認識されたということです。ここでも、安丸の次の言葉を紹介します。

この「信教の自由」は、国体論的イデオロギーを人々がそれぞれにふさわしい「自由」を媒介として主体的に担うという大枠内でのことであり、キリスト教と民衆宗教と民俗信仰とは、この大枠の外にあるものとしてあるいは弾圧されあるいは編成替えされた。……文明と近代的民族国家の樹立という課題ともっとも旧い権威とを代表する存在として、国家が人々に迫るとき、一貫して全く別の立場を選び続けることは難しかった。そこでの人々の「自由」が、「個体を、抑圧的過程に屈服した形での〈自発性〉へと押しやる」（レオ・コフラー『革命的ヒューマニズムの展望』）という色彩を強く持っていたのは、ほとんど不可避のことであった。[20]

4

第二次世界大戦後、「国家神道指令」や「天皇の人間宣言」によって、戦前の宗教政策はなくなったと認識する人は多いでしょう。けれども島薗進は「第二次世界大戦後も国家神道は存続している[21]」と指摘しています。その理由の一つは、皇室祭祀が残されているからです。

この点を資料に即して実証した研究が岡崎匡史《まさふみ》によってなされています[22]。そこで彼が注目している人物の一人が、ＧＨＱのウィリアム・Ｋ・バンス少佐です。バンスは「国家神道指令」の起草に関わった人物であり、政教分離と信教の自由の原理を徹底させるためにマッカーサーと衝突した人でもあります。マッカーサーは日本をキリスト教化させることに使命感を感じていました[23]。したがって、公教育でのキリスト教教育を求めていました[24]。バンスはこの方針に反対だったのです。その理由は、公教育の場で特定の宗教教育を認めると、国家神道の復活につながると考えたからです。それ故、彼は政教分離と信教の自由の原理を徹底させ、さながら日本のロジャー・ウィリアムズのような働きをしたのです。

ところが、バンスのとった行動は信教の自由を確立させるためであったにもかかわらず、かえって明治以来の日本の政治体制と一貫したシステムを戦後に残し、日本においてキリスト教の伝道が困難な状況を作り出しました。

バンスの目的は国家神道の根絶です。しかし信教の自由の原理がこれを難しくしていたのです。ある特定の宗教を権力によって禁止すれば、それは信教の自由に抵触します。バンスは最初「国家神道は宗教である」と認識していました[25]。けれども国家神道を宗教に位置付けると信教の自由の原理と矛盾をきたし、これを廃止することができなくなります。したがって、神道指令において国家神道は「非宗教的なる国家的祭祀（non-religious national cult）」と定められました[26]。これは日本政府が求めていた国家神道を「非宗教的な一つの国家的儀式[27]」とする主張と一致していました。そして皇室祭祀については、天皇の私的な信仰という理由で、信教の自由から認めることになりました。すると、岡﨑が指摘しているように「皇室祭祀は国家神道の一部であると考えられていた現実が戦後の日本に残ることになった[28]」のです。

要するに、信教の自由の原理によって皇室祭祀は残り、教派神道も認められ、天皇制が維持されることによって明治政府が作り上げた宗教政策は生き残っているのです。実際に公的機関の地鎮祭や国家の行事における神道祭儀に対する信教の自由を訴えた裁判は、ほとんど原告が敗訴しています[29]。それらは宗教ではなく文化であり、国家的儀式と受け止められているので、信教の自由に触れないという解釈です。この解釈が明治政府の宗教政策によっていることは既に述べた通りです。この基本戦略が今日も生きている一つの証拠は、自民党の改憲案にあります。自民党『日本国憲法改正草案』の「信教の自由」の項目では、国や公共団体が特定の宗教と結びつくことを禁じていますが、以下の例外が設けられています。「ただし、社会的儀礼又は習俗的行為の範囲を超えないものについては、この限りではない」(自由民主党『日本国憲法改正草案』四六頁)。つまり、明治政府の宗教政策によって打ち出された基本路線は、今も生きているのです。

さらに恐ろしい現実の一つは、若い牧師の中に相手の家族に配慮して七五三のお祓いをしてもらい、それを文化として理解している者がいることです。心配のし過ぎであるならば良いのですが、意外に多くの若い信仰者の中で共通の認識があるのではないかと危惧しています。なぜならば、無宗教を自負する者が祭り好きという日本の不思議な現象を教会でも社会でも教えてくれないからです[30]。彼らがそこで主張するのが寛容の精神と多元主義です。この二つの流行りの理念こそ明治政府が生み出した宗教政策を支えており、今日の日本社会でキリスト教を圧迫する手段ともなっています。多元化した社会で多様性を受け止める寛容論は、突出した存在を嫌います。平等論の名の下で均一化を図るのです。しかしよく考えると、これはある突出した国家の価値観（天皇神権による皇室祭祀）という枠組みの中で均一化されているのです。日本の場合、神への服従が人間である支配者への義務より上にあることを根拠とする抵抗権の思想は、天皇が神的存在になるため、自ずと抵抗権に限界が設けられていることを意味しており、日本で成立している人権は〈日本型人権〉とでも言えるものになっているのです[31]。

第六章　キリスト教会の使命——福音伝道と人権形成

1

日本の仕組みが大体分かってきたと思いますが、次に日本のキリスト教会の使命について考えてみましょう。日本にはさまざまな課題がありますが、教会は政治活動をする場所ではありません。教会の目的と使命は、常に福音伝道を続けることです。具体的には、今ここに生きておられる十字架のキリストを紹介することです。そこで示されたイエス・キリストの父なる神に、恵みによって従う信仰を創造することです。その神に造られた新しい人間が社会に派遣されて行くことによって、結果的に神に喜ばれる生き方を通して新しい社会形成に貢献することは起こり得ることでしょう。これを一言で言えば、〈福音伝道と人権形成〉という主題になります。

このパースペクティブから、日本の教会の使命を先達の福音伝道者から学びたいと思います。ここで取り上げたいのが小崎弘道です。小崎については、後の言動を見るとかなり問題があるのですが、大日本帝国憲法が公布される前のこの時点で語られた言葉は傾聴に値します。

小崎は、大日本帝国憲法が発布される前の一八八五（明治一八）年四月三〇日に「キリスト教と皇室」と題する論文を無署名で『六合雑誌』第五三号に掲載しました。(1)明治一四年政変以降、保守的な傾向が強まる中で、キリスト教が国体に反するとの攻撃が強くなり、キリスト教が「我が皇室に対し如何なる関係を有すべき乎《や》、あるいは之をして危殆《きたい》ならしむることはなき乎《や》と」(4)と糾弾されたのです。(2)これに対して反論する形で「キリスト教と皇室の関係を論」(3)じたものです。(4)

小崎はまず聖書から信仰と政治の関係について論じ、福音書においては政治に関する記述はほとんどなく、むしろイエスを政治的存在であると間違えて受け止めたことを指摘し、信仰と政治を「其目的区域を異にする所あれば相混ずべからず」(5)とする政教分離の基本原理を明確にします。次に使徒たちの手紙から、政府や王からの命令であるならばキリスト者は従うべきことが勧められていることを紹介します。(6)

けれども、たとえ王の命令であっても福音伝道を禁じることに対しては従えなかったことも紹介します。(7)このことについては「神道家や儒教主義の人には分かり難きところなるかは知らざれども」(8)と断りながら、国家が宗教に関与することを禁じる「奉教自由〔信教の自由――森島注〕の基礎」を訴え、これが欧米の自由民権の進歩をもたらした原因であることを指摘しています。(9)

要するに、キリスト教はある一定の政治体制や主義を持っているわけではないから、「何の政治、何の国体にも適応する」(10)ことを主張しているのです。キリストを神とし、人類の平等を解くキリスト教は「君主を蔑《ないがし》ろにする恐れあり」という為政者たちの疑いに対しても、それは「ただ宗教上の事のみ」であって、社会において王がいるならばその存在を尊敬することはキリスト教信仰に反することではないと誤解を解いています[11]。

これは初代教会がローマ帝国から政治的に危険な集団であると疑いをかけられたときに、弁証家達がキリスト教を擁護したのと同じ原理を用いて闘っていることが分かります。弁証家達がそこで主張したことは、キリスト教が帝国の秩序維持に貢献しており、キリスト者の祈りによって「キリスト教は世界を保持する。そして他方神はキリスト者の故に世界を保持したもう[12]」ということでした。小崎もキリスト教が道徳心の向上と社会秩序維持に仕え[13]、「社会の風俗を維持し、世の不平心を医《いや》し、国家の基礎を固ふし、皇室の安寧を保たしむべきものは、唯此キリスト教あるのみ」と力説しました[14]。

平和な時代の研究者は、「皇室の安寧を保たしむべきものは、唯此キリスト教あるのみ」という語句を引き合いにして、小崎がこの時すでに天皇制を支えて、国家に妥協あるいは迎合したと批判したくなるかもしれません。けれども、この時代の文章を読む時、特に公にされた文章を読む場合は、その発言が個人の見解にとどまらず日本のキリスト教会全体を脅威にさらす危険があったことを知らなくてはなりません。その点、個人的に新聞等で投稿している思想家と小崎たち教会人が立っている位置は責任の度合いが異なっています。彼はそのことを自覚してギリギリのところで戦っていたはずですが、その中で何を語り、何を訴えていたのかを読み解くことが重要です。

小崎は初代教会と同じ論理を用いていましたが、初代教会においては、キリスト教が帝国の秩序維持と世界の保持に貢献すると説いたとき、神学的に終末論について問題がありました（キリストの再臨が不必要になるという問題）。その点イギリスのピューリタンたちは、終末論的な神の臨在の感覚を有しており、国王の命令に抗して神に従う信仰を貫こうとしていました。政治的な圧力の中でキリスト教を弁証する必要に迫られた小崎も、政府を刺激することを避けるため、キリスト教が社会の君主に従うことをかなり慎重に語っていましたが、その中で非常に重要な言葉を付け加えました。

然れども若し国君をして、活神の如く為すあらん歟《か》、此こそ基督教の主義に相反し、之を調和するは到底行はる可からざることなれども、然らざるに於いては、基督教、皇室に対し何の不都合なる所あらん。[15]

天皇を生きた神のようにして神格化することに対しては、断固として抵抗しなければならないことを主張しているのです。[16] もちろん政府を刺激しないように慎重に言葉を選んでいますが、ギリギリのところで、決して譲ることのできない神への信仰に触れるところをしっかりと語っていたのです。彼がのちにこの姿勢を失ったことについては別の機会に取り上げなければならない大きな問題ですが、ここで主張された言葉そのものは重要な信仰の言葉なのです。

小崎が指摘した点でもう一つ注目できることは、社会の中のさまざまな問題の本質は「宗教の衰退にあり」と言ったことです。次のように述べました。

> 独国の如き、宗教改革後、宗教稍盛《やや》なりしも、神学上の議論、宗教の争ひ甚だしく、福音の精神を失ひて、儀文に流れ、第十八世〔紀〕の終、第十九世紀の始めに至て、最も衰退を極めたり。爾来漸く其勢を恢復せんとするの模様あるも、未だ盛大なりとは云ひ難し。[17]
>
> （傍点筆者）

福音伝道の衰退の原因に、神学的な議論に終始して福音の精神を失ったとありますが、それが儀式化した礼拝へと向かったことは、今日の私どもにも問われていることであると思います。奇しくも一昨年（二〇一四年）の『説教黙想アレテイア』[18]で日本の説教学の発展に大きく貢献した加藤常昭も、説教と礼拝の儀式化に警鐘を鳴らしました。説教と礼拝の儀式化と福音伝道の衰退は、世の霊の支配下にあることと無関係ではないでしょう。その衰退の源泉には、生きておられる神との人格的な関係を失っていることにあります。そのことと人権形成の衰退は結びつくのです。

2

次に、植村正久の神学的伝統を自覚的に継承し、第二次世界大戦中に洗礼を受け、本書で実証した日本の仕組みを理屈ではなく肌で理解していた説教者加藤常昭が、戦後日本の福音主義教会形成の課題にどのように取り組んだのかを、人権形成のパースペクティブから注目したいと思います。

この点で最も参考にできるものの一つが、『雪ノ下カテキズム』とそれを解説した「雪ノ下カテキズム講話」です(19)。加藤は、「説教者はみんなカテキズムを書けるべきだ」と主張しています(20)。カテキズムとは信仰教育のために用いられてきましたが、その目的は、「今ここに生きるキリストの教会がいかなる福音理解を持ち、筋道を整えた信仰の告白をするかを明らかにすること(21)」です。それを自分で書くというのは、神学を身につけることが求められています。聖書を深く味わい、歴史的教会の教理の言葉を理解し、現代の教会に生きるキリスト者の言葉として語るということです。カテキズムにはその教会と牧師の福音理解が明らかにされているのです。しかも、そこには何か神学的なメッセージがあります。『雪ノ下カテキズム』は加藤の神学と教会形成に対する姿勢が凝縮しているのです。中でも注目できるのは、次の言葉が示していることです。

カテキズムの問答の文章が明瞭にそのことにいちいち言及することがなくても、いずれの言葉にも、この日本に生きるキリスト者としての信仰の戦いが意識されています。ただ、その中では比較的はっきりと、この国にあって私どもがしなければならない信仰の戦いの姿勢を明らかにしているのが、第二部第一章第一節、第二節であろうかと思います。[22]（傍点筆者）

加藤が日本における信仰の戦いを意識するなかで重要視しているのが、従うべき神との出会いです。神への服従は人権形成の根幹になります。したがって、『雪ノ下カテキズム』の第一章で扱っている使徒信条に基づく神に対する信仰について何が語られているかが重要になってくるのです（問四八―六〇）。

加藤はそこで従うべきただ一人のまことの神を知る道について述べています。そこで知る生きた神は、出会いによって与えられる人格的な神であって、「観察し、思索し、議論するだけで」は見出すことできないお方であると言います。ではどのようにして神を知ることができるかというと、「まず神を呼ぶところでこそ、神を知る」のであり、「何よりも祈りにおいて」与えられる関係であることをはっきりとさせています。[23] その神との出会いが日本において困難であることも意識されています。そのことが問四九で展開します。

問四九　あなたは、神の名をこれまで知らなかったのですか。

答　そうです。もちろんこれまでにも私は「神」という言葉を知っていました。神と呼ばれるものが周囲にたくさんありました。特に日本人は、人間だけではなく、被造物のすべてのものが神性を持ち、神になれると信じています。また神と仏の区別も余り明瞭ではありません。しかし、今、私が知る真実の神は、ただひとりであります。誰もこのような神になることはできません。自分が神のようになれると思ったり、自分に都合のよい神を作ったりする偶像礼拝の罪が、自分をも深く捕らえていることに恥を覚えるようになりました。偽りの「神々」を生むのは私の貪欲であります。(24)

加藤は聖書が証しする神との出会いが、日本的な神観念と適合する出来事ではなく、「まったく新しい神に出会う」出来事であると言います。(25)けれどもそのことは、キリスト教会の外で経験した超越的神経験を否定しているのではありません。(26)重要なことは、教会の外での経験をして聖書を読む必要がないと考え、教会の礼拝に勝る神体験と思わせる誤解を戒めていることです。(27)そこに潜む危険が偶像礼拝に至る原因となることを明らかにするのです。(28)

問五五　どんな危険があるのでしょうか。

答　まず何よりも、そこで自己満足に陥ります。そこで自ら求める神体験は、自分が抱く考えに添って神らしい存在と認め得るものを、どこかに見出し、それを自分が楽しむことになります。第二に、そのようにして知る神は、私の存在に巣くう罪の根源にまで食い込んで罪を滅ぼし、私をそこから解放する力を持ちません。この罪に捕らえられている自己がなお生きているとき、その自己が求め、判断する神体験は、偶像礼拝を生む源にさえなります。

私は、さまざまなところで神の力に触れていると思っています。しかし、そのような体験が、過ちを生まず、まことの神への感謝の体験になるのは、根源的なところにおいて、真実の神を知る知識を与えられているからであります(29)。

ここに人間の罪の根源として現れる偶像礼拝に触れています。「まことの神を忘れ、また知らないところで、私どもは自分の都合のよい神、自分の貪欲に仕える神を作り、祭り、拝むのです(30)」。この認識は、戦前戦中を経験した説教者が聖書の言葉を通して心に刻んでいる人間の姿でありましょう。私どもの関心に引き寄せれば、この信仰の言葉がとらえている人間の姿は、日本固有の政治体制を生み出した宗教政策と無関係ではないのです。

したがって、ここで言い表されている偶像礼拝の誘惑に対して、特に日本でキリスト者として生きるにあたり、加藤は決して楽観的になりません。その加藤から学ぶべきことの一つは、人間の罪の現実に勝って主イエス・キリストによる神の御業を信頼しているところです。それは加藤が厳しい罪の現実に向き合うと同時に、必ず主イエス・キリストの御前に歩み出るところから明らかです。たとえば先ほどの偶像礼拝に触れた言葉でも、「それだけに、そのような私どものところに主が生まれてくださった降誕の恵みを思います」とすぐに続き、キリストの十字架による罪の贖いの恵みを述べます[31]。ここで一貫しているのは、先行する神の恵みに支えられて神との出会いを語り、「神が神であられることが、わたしがわたしである根拠」となることを明らかにしていることです[32]。

この神学的認識（恩寵論）に支えられた加藤の牧会的言葉（カテキズム）は、厳しい日本社会の中に働く神の御業に集中し、忍耐と希望へと励まします。このことは、日本人が使用する言葉についての歴史的認識の変化を説明するところでも感じられます。たとえば、日本語の「神」が聖書の語る神を正確に言い表していない現実に触れ、人間の用いる言葉の不十分さに向き合いながら、他方で言葉の認識がその国において福音的な認識へと変えられてきたことを指摘し、次のように言います。

それぞれの言葉には歴史があります。その歴史の中で意味が変わっていくのです。変えられるのです。主イエス・キリストの福音は、日本語の「神」、「愛」の言葉の歴史のなかにも受肉してくださったのではないでしょうか[33]。

神から遠く離れたところで営んでいた人間の歴史に神が訪れてくださり、私どもが用いる言葉に受肉してくださることは、すなわち「神ご自身が、その人にとっての『わたしの神』になってくださらなければ[34]」起こり得ない出来事です。具体的には教会の言葉・説教において出来事になるのであり、その現実は「本当の『神』がここにおられたと知った[35]」出来事を物語っているのです。

3

私どもが楽しむ神の臨在の体験は福音伝道へと向かわせます。けれども、その信仰の歩みに試練と動揺が伴うことを加藤は自覚させます。その苦しみの本質は、「神の顔を仰ぎ見ようとして、そのお顔が見えない」という「信仰者にとって最も厳しい試練があるという体験」です（問五三参照[36]）。試練は他者と共に生きるところで体験します。キリスト者が社会の中で信仰生活をするということは、この試練から逃れることができないことをはっきりさせるのです。そこでの他者との関わりは妥協や無関心や糾弾する心ではなく、「早く神の臨在と恵みに気づいてほしいとひたすら願う……伝道の熱心」に押し出されています。

ここで最も重要な加藤の姿勢は、神のみ顔を見ることができない試練の道の支えとなっておられる主イエス・キリストの十字架を見失わないことです。

神のみ顔を見ることができない悲しみ、苦しみを訴え、嘆き、それを聞いて頂けるのは、その神ご自身だけでしかないのです。それは、神に捨てられたという深い悲しみを、「わが神、わが神」という呼び名にこめられた十字架の主イエスの祈りに最もよく示されます。そして、主の父である神は、その十字架の主を甦らせて勝利に導かれました。……私どもが神の名を知ったのは、イエス・キリストが示してくださった愛の出来事においてです。何が起こっても、この事実に変わりはありません。その事実に信頼を置くとき、私どもは、いつどこにおいても祈ることができます。絶望や悲しみを訴えることができます。……喜びの回復と完成を望みつつ、父なる神の名を呼び続けることができるのです。(37)

これらのことをはっきりさせた上で、問六〇において日本に生きるキリスト者の最大の課題を語ります。

問六〇　他者と共に生きるとき、あなたが欲しないのに、何らかの力で、神に対する真実を曲げることを強いられることもあるのではありませんか。

答　キリスト教信仰の歴史は、そのような強制との戦いでありました。そこでどのように戦うかは、それぞれの信仰者が自由に選び得ることです。しかし、明らかなことは、まことの全能の父なる神に向かって独り立つ人格として生かされている者にふさわしく、自分で自分の人格の尊厳を守り抜く戦いをする使命が私に与えられているということです。まことの神を否定することは、私自身を殺すことなのです。どれだけ戦う勇気を持つことができるかは分かりません。しかし、この信仰の誠実な戦いが殉教の歴史を生んできたことを厳粛な思いで受け止めます。ここでこそ、人を恐れず、神を畏れることをよく学びたいと思います。

加藤が教会に生きるキリスト者に問うているのは殉教の覚悟です。もしかすると、戦後の日本の教会が失った一つの感覚は殉教の覚悟であるかもしれません。加藤常昭が熊谷政喜牧師から離れていった出来事をそのようにとらえることもできるでしょう。

殉教を問うということは、この世界と社会に対する関心を問うことでもあります。恥ずかしいことに筆者自身、キリスト者として社会の仕組みと問題に気づいたのは最近の出来事です。平和ボケしていた自分の世代は、加藤が語る言葉も深刻な危機感もよく分からなかったという認識が筆者にはあります。もちろん、そこには個人の責任を超える歴史の歩みがあります。けれども、十字架のキリストによる福音を味わった者は、この福音によってでしかこの国に生きる人間を救い、立ち直らせる道はないという自覚と情熱を生み出します。実際に、私どもの国に宣教に来てくださった方々は、福音によってでしか日本を救えないという思いに動かされていました。ですから、殉教の覚悟で来てくださり、日本の初期プロテスタント教会の担い手の心に届いたのです。それだけでなく、宣教師たちは日本の仕組みをよく学びました。殉教を生み出す福音への情熱の喪失は、伝道の不振と深く関わります。自らの生き方と社会（他者）との関わり方が問われていると言ってもいいかもしれません。

説教塾で今や伝説のように語り継がれていますが、かつてルードルフ・ボーレンが日本の若い説教者から説教の言葉が届かないという悩みを問われた時、「あなたは自分の説教を聞いてくれている人々のために死ぬ覚悟がありますか」と問われたことがありました。次章でも触れますが、「神学を学ぶ学生たちから、これからの神学者としての歩みに何を望むかと問われて、殉教の覚悟をしていること、と答えられた」という逸話もあります(38)。聖書の言葉に沈潜することは大事なことですが、そこに居座ってしまい、突き抜けた眼差しでこの社会とそこに生きる人をとらえることをしなければ、この世に生きる聴衆の心を黙想することも、その心に届く言葉を獲得することも、真実な意味で神に従う信仰を創造する御業に仕えることも起こりえないでしょう。

本章の最後に、加藤が日本の厳しい現実を自覚した上で伝道と教会形成に生きていたことを表す次の言葉で結びとします。


殉教などを必要としない自由の社会、キリスト者だけでなく、誰もが独立の人格を保ち、尊ばれ、自由に生き得る社会、それこそ民主主義の理想でしょう。私どもの社会的責任は、まさしくそこに生まれます。信仰に生きる者こそ、健康でたくましい市民意識を持つことを知り、そのように生きたいと思います。……現代風に天皇制を温存させた日本社会にあって、私どもの願うところを実現するのには、なお長い忍耐の戦いが必要です。それは、むしろ自

分自身との戦いです。戦いの姿勢は、人さまざまであってよいのでしょう。(39)

第七章　キリスト教会はこの時代に何をすべきなのか

1

福音伝道が人々の心をとらえ、それが人権の形成へと至るには長い時間がかかります。重要なことは、その長い道のりをいかに忍耐して、継続できるかということです。人権の成立を目的にして福音を伝道しても、それは本末転倒ですので、その運動は維持できないでしょう。むしろ歴史が物語っていることは、福音を宣べ伝えている中で、新しくされた人間が社会をより良い社会へと形成していったということです。それは気が遠くなる道のりであり、特に日本が抱えている思想的・制度的課題は、おそらく筆者が生きているうちに解決できないだろうと思います。では、この時代に何をしたらよいのでしょうか。最後に、福音伝道者たちが厳しい時代に何をしていたのかに注目したいと思います。

そこでやはり注目する時代の一つは初代教会です。ローマ帝国の時代にキリスト者になるということは、死ぬことを意味していました。教会に行くことは、死と隣り合わせだったのです。彼らがローマの地下墳墓（カタコンベ）の暗闇で礼拝をしていた時、聖餐卓として用いたのは仲間の棺であったかもしれません。明日は自分がこの姿になるかもしれないことを感じながら、しかし人々を礼拝へと向かわせたものがあったのです。あの時代の研究でいつでも関心を注がれることの一つが、キリスト教徒への弾圧が激しくなればなるほど、かえってキリスト者になる者が増えていったことです。国家の政治的権力はこの動きを止めることができませんでした。人々は死ぬことが分かっていながら、教会に入っていったのです。そこに死に勝る価値があると彼らが理解したからです。

　ローマ帝国の人々の心をとらえ、死を厭わずに彼らを教会へと向かわせた事柄とは何であったのでしょうか。〈神が共におられる〉という福音が語る慰めは、具体的にどのような出来事として彼らの経験になったのでしょうか。いろいろな言い方ができると思いますが、その一つは「無からの創造」という教説によって言い表されました。

「無からの創造」という言葉は、旧約聖書の中に明白な形で表現されていませんが、潜在的な仕方で聖書に含蓄されていました。この教説は旧約と新約との中間時代におけるユダヤ教神学者にも見いだすことのできるものですが、[1] 初代教会時代のキリスト者に新しく語られるようになった教えです。この教説が創造物語に示された創造主への信仰の言葉であることは、『ヘルマスの牧者』にある次の言葉を見ても明らかです。「何よりもまず、万物を創られ、秩序づけられ、万物を無から有へと造られ、万物を包容したもうが、御自らは包容されることのない方でありたもう神を信じなければならない」(傍点筆者)。パウロも、アテネのアレオパゴスで、「知られざる神に」と刻んである祭壇を見つけ、知らずに拝んでいる神を紹介した時に、「世界とその中の万物とを造られた神が、その方です」(使徒言行録第一七章二四節)と天地の造り主を伝えました。使徒信条においても、まず「天地の造り主、全能の父なる神」への信仰を語ります。天地を造られた神を語るところで、すでに深い慰めが語られているのです。しかも、ユダヤ教ではなく、イエス・キリストの十字架を信じる信仰が、天地創造の物語を福音の言葉として新しく響かせたのです。

「無からの創造」という言葉が伝えている事柄は、無になる存在から救われた存在であるということです。もはや無にならない。無にされるところから救われた存在。もう、無にさせられることを恐れる必要はないということです。イエス・キリストの十字架によって、無に帰する存在ではなくなったことが語られているのです。この福音の言葉が、当時生きている人々の心に届きました。しかも、死ぬことに勝る出来事として、人々を教会へと向かわせたのです。

2

同じ出来事は日本においても最初に来た宣教師を通して起こりました。キリスト教が伝来した当時、日本語もろくに話せなかったであろう宣教師を通して、日本人にキリスト教が伝えられました。しかも、その伝播は今日に勝る勢いであったと言われています。秀吉による弾圧が始まる前の一五八〇年代には約三五万人のキリスト者がいたと考えられています[3]。当時の人口の比率から考えると、一%をはるかに超えています。比率で言うと今日より多いのです。考えてみれば不思議なことです。日本語ができない彼らはどのようにして福音を伝えることができたのでしょうか。

これには一般的に領主の改宗による集団入信が指摘されます[4]。けれども、他方で考えられているもう一つの理由は、宣教師たちが庶民のところへ出かけていって葬儀をしたということです[5]。宣教師は葬儀の時に庶民の遺体を丁寧に葬ったそうです。当時、お墓というものは裕福な家柄の者にしかありませんでした。庶民が死ぬと、葬式をしないで死体を始末するのが一般的でした。「野捨て」と呼ばれる遺体遺棄も珍しくなかったと言います。死とは忌み嫌うものでしたから、人の目にも触れないように「犬のごとく」始末されていたのです[6]。けれども、宣教師達は、その死んだ体を丁寧に扱って、遺体に触れ、葬りをしたのです。愛する者の動かなくなった体を、忌み嫌う穢れたものとしてではなく、愛する神の作品として、神が甦らせてくださる体として丁寧に扱ったのです。そのことが理屈ではなく、目で見る仕方で伝わり、深い慰めとなったと言われています。たとえば、宣教師たちの次のような報告が残されています。

異教徒等はわが死者を葬る方法を見て大に感激せり。我等が初めて死者を葬りしとき、三千人余りこれを見んとして来会せり。ただしその盛大なるがためにあらず、当国においては己の父なりとも、死すれば彼らが用ふる門よりせず、後門より埋葬場に運びて他人に見られざるやうにせるが、キリシタン等が最も貧窮なる者に対しても、富者に対すると同一の敬意を表するを見て、その博愛と友情とを認め、我等がかくのごとくして葬儀を行ふがゆゑに大に感じ、我等の主キリストの教に勝る者なしと言いへり。(7)

犬のように始末されてきた彼らにとって、キリスト教の葬儀は新しい自己認識を与えたのです。一言で言えば、自分達は捨てられる存在ではないのだ、ということです。「最も貧弱なる者に対しても、富者に対すると同一の敬意を表する」という一節には、パトニー会議で生得権を主張したピューリタンたちと同じ響きを持っています。ここに人権理念に対する感覚が、理屈ではなく心に芽生えていることが分かります。明日は死ぬかもしれない自分も、無で終わる存在ではなく、神に愛されている自分たち自身なのだ。その恵みを理屈ではなく目で見る仕方で伝えた葬儀は、日本に生きる人間に慰めとして届いたのです。キリスト教に対して罵倒する者たちも、彼らの家族の葬儀を通して心が慰められ、洗礼を受ける者がしばしばであったと言います。この動きには人権形成へと向かわせるエネルギーがありました。けれども、日本においてはそれが歴史化しませんでした。その理由の一つは、日本がキリスト教国ではないので、キリスト教的精神が浸透する前に宗教政策によってその芽が摘み取られてしまったからです。

ちなみに、キリスト教葬儀の動きに危機を感じたのは仏教界です。宣教師たちは「死者の葬式と病院」を「異教徒を教えに導く二つの事業」としました。[8] これに危機感を持った仏教界が、自分達も葬儀について考える必要に迫られ、何百年もかけて整えてできたのが檀家制度だと言われています。[9] キリスト教伝道への対抗と根絶を目的として形成されてきた日本特有の死者儀礼（墓地と仏壇）は、今日でもキリスト教の入り込む通路を狭めていますが、仏壇を見るたびに、ここにもキリストの福音の影響がこういう形で表れたことを感慨深く思います。

いずれにしても、宣教師たちは天地の造り主なる神を伝える重要性を認識していました。ザビエルは訪日する前に、日本に行ったことのあるポルトガル商人アルヴァレスに日本事情の報告を依頼し、日本の宗教事情をある程度聞いていました。[10] また、一五五七年にガーゴが書いたと言われる『日本および諸宗派の誤謬の摘要』には、日本の各宗教の内容がよくとらえられていました。[11] これらの情報から「日本人が創造主の観念を全く知らないことをザビエルは来日前から知っていた」[12] のです。『神道事典』ではこの事実を次のように報告しています。

彼〔ザビエル〕は「何よりも世界創造の教義から始めなければならない」と述べ、ザビエルの後の宣教師らも日本への布教を始めるにあたり神道の創成神話をくわしく調査した。つまり日本人の考えている創成神話を調査し、それらの誤謬を指摘することを通して日本人に世界創造のドチリナ（教義）を植えつけようとしたのである。[13]

上記にあるように、カトリックの宣教師たちは、日本が全世界を創造された神を知らないことを知り、日本人にまことの創造主を伝える必要があることを認識していたのです。ザビエルはこの認識で日本にやってきました。結果として、それらの伝道方法は、日本に生きる庶民の存在を肯定する神の存在を証しし、福音として広まっていきました。キリシタン弾圧が始まってもキリスト教信仰に生きようとした日本人の心に確信として働いていたのは、この「無からの創造」の教えと同じ響きを持つ福音であったのです。

3

プロテスタント教会はその福音の響きを、儀式や目で見る仕方だけでなく、それ以上に耳で聞く言葉によって、つまり説教で語り伝える使命があります。かつて日本の説教学の進展に大きく寄与したルードルフ・ボーレンは、日本で「憧れ」と題する講演をしました。これは後に『憧れと福音』として出版されました[14]。そこで語られていることは、プロテスタント教会の取り組みにヒントを与えるでしょう。ボーレンは次のように言います。

人間のなかには、ひとつの憧れの思いが眠っております。……私がここで言おうとしているのは、今とは別のように生き、今の自分とは別の人間になりたいという憧れです。私は、最初に、この憧れは眠っていると言いましたが、それは、この憧れが、まだ定かならず、意識もされないままであるということです。(15)

意識されようがされまいが、憧れは、今ここにあるものを打ち破り、〈今このとき〉という時に先立ち、他の場所、他の時間を求めます。憧れにとっての〈現在〉、それは将来と言います。今日という時に飽きたらず、明日を望み見ます。憧れは、新しい生を願い求めていますから、おそらく、今この時の生活はもの足りません。今の人生を嫌っているようにさえ見えます。新しい世界を願い求めていますから、今の世界にはなじまないように感じています。……自分自身が欠けているのですから、人間は、――おそらく無意識にですが――自分ではない人格、まだそれになっていない人格、しかし、そうなりたいと思っている人格を求めています。おそらく、すべての憧れの思いの中に潜むのは、自分自身が変えられることを求める思いです。(16)

ボーレンは、日本を訪問して、この地に生きる人間を観察しながら、世界共通に持っている「他の人間になりたいという憧れ(17)」が日本人の中にもあることを見ていました。そこで語っていることは、人間の中にある新しい人になりたいという憧れです。この憧れは、神に愛されている自己の発見に結びついており、「無からの創造」の教説が語っていることと本質的には同じです。ボーレンは、それを可能にしてくれる福音に対する憧れが日本人の中にも潜んでいるのではないかと語ったのです。

被造物の救済を求める憧れの現象を、新しい創造のパースペクティブにおいて語るボーレンは、「石でさえも、人間が人間となることを待っています[18]」と述べます。人間が人間になるとは、神の子とされることです。「被造物だけではなく、わたしたち自身も、自分自身においても神の子とされることを憧れ、神の子の身分を慕い、自分の体があがなわれることを待っているのです[19]」（ローマの信徒への手紙第八章二三節）。ボーレンは、「無からの創造」の教説が言い表している同じ出来事を、聖書に基づいて「新しい人間（Der homo novus）」という言葉で語り直したのです。宗教に無関心に思える日本人も、新しい人間になりたがっているということです。

新しい人間とは、新しい人格でもあります。新しい人格は、人格的存在との出会いによって生み出されます。人格的な存在から語り掛けられることによって、物質的な存在として見られていた人間が人格的な存在へと変えられていきます。風景の一部のように思えた存在から話しかけられた瞬間に、相手との関係が人格的な関係へと変わるように、人格は人格を生み出すのです。神との人格的な出会いは、神に語りかけられる言葉によって起こります。「万物は言によって成った。言によらずに成ったものは何一つなかった」（ヨハネによる福音書第一章三節）。聖書の理解によれば、神の言葉に応えるようにして、すべての存在が存在するように成っていきました。この神の言葉を失った世界を、聖書は「混沌」（創世記第一章二節）と呼びました。もしかすると、現代においても「混沌」とした世界があるかもしれません。人格的な関係を喪失した世界です。愛のない世界です。人がモノ扱いされ、歯車か部品のように扱われる社会です。「お前の代わりなんかいくらでもいるのだぞ」と平気で言われる社会です。自分の存在価値を見出すことができず、存在することが辛く感じる世界です。存在する辛さから救われるために、自ら無になることへと誘われる世界です。その世界に聖書の神は「恐れるな」と呼びかけられます。

ヤコブよ、あなたを創造された主は
イスラエルよ、あなたを造られた主は
　今、こう言われる。
恐れるな、わたしはあなたを贖う。
あなたはわたしのもの。
わたしはあなたの名を呼ぶ。……
わたしの目にあなたは価高く、貴く
わたしはあなたを愛し
あなたの身代わりとして人を与え
国々をあなたの魂の代わりとする。

恐れるな、わたしはあなたと共にいる。（イザヤ書第四三章一―五節）

神の言葉が語りかけられると、光が射し出でます（詩編第一一九篇一三〇節）。求められていることは、呼びかけておられる神の言葉を響かせる人格的な存在です。無に帰していきそうな存在を贖われる神の言葉を語る存在です。神の創造の御業の担い手です。「収穫は多いが、働き手が少ない」（マタイによる福音書第九章三七節）。ボーレンは、人間の心に潜む憧れに応える存在として教会が神に建て上げられていると言います。

パウロは、自分自身も教会も、憧れの成就の途上にあると見ております。……パウロは教会を、創造の世界の望みの担い手であると理解しています。[20]

私どもが生きている宇宙は、まことの教会が現れることを憧れる宇宙なのです。なぜならば、まことの教会において、初めて人類は目的に達するからであります。[21]

新しい人間を創造する神の御業に仕えるのが教会であり、そこに「説教の必要」があるのです。[22]ここにプロテスタント教会の立ち位置があります。そして、長い歴史の中では、このプロテスタント教会が担った福音伝道が後に人権形成を担う人間と社会を生み出したのです。

4

今日のキリスト教会の課題の一つは、説教に力が失われてきていることです。このことについて、問題を指摘することは簡単です。重要なことは、説教者にその課題を克服する道を示すことです。そこで再びボーレンに注目したいと思います。というのは、新しい人間の創造について語ったボーレンが、その業に仕える説教者たちに向かって語った講演があるからです。しかも、「新しい人間についての説教」という主題でなされた講演は、日本の説教者に向かって用意されたものです。(23) そこで語られていることは、〈福音伝道と人権形成〉という主題でこの時代に教会がしなければならないことを問う私どもの具体的な要求に応えるものがあります。

ボーレンが最初に指摘することは、み言葉と時の理解の相互関係です。

み言葉に目を注ぐということは、従って、〈時〉に目を注ぐということでもあります。時を持たないみ言葉はなく、時に時としての然るべき意味を与えるみ言葉を必要としない〈時〉はありません。……テキストを問うということは、また、時を問うということであります。テキストを読み解くことと、時を読み解くこととは、互いに切り離すことができません。いかなる時といえども、それは、言葉を呼び求めます。そして、言葉は、いかなる時が来るかを告げます。時に先立たず、時と並んでしまうような言葉は、言葉ではありません[24]。

時のしるしを見分けることと、聖書を理解することとは、同じことです。この場合の時は、年代記述のような時（クロノス）ではありません。質的に意味がある時（カイロス）です。椅子に腰かけている一秒と、ワールドカップ決勝でゴールを決めた一秒では、同じ一秒でも質が異なります。歴史の中には、質的に異なる時の感覚があるのです。しかも、個人的なものを超え出て、共同体的・世界的・歴史的な時があるのです。究極的には神との出会いの時です。説教者に求められていることは、神の救いの歴史の中にある今を聖書を通して理解することです。それは「時の主が誰であり、時を与える者は誰か[25]」ということと深くかかわります。その感覚は「イエスの甦りに始まる救いの時の運動[26]」を理解するところで養われます。神の救いの歴史の中にある今日であり（コリントの信徒への手紙二第六章二節）、説教はその救いの御業に参与する行為なのです。

この感覚を欠如している者を聖書は偽善者と呼びます。神の前にあって眠りから覚める時が近づいており、既に朝の光の中にあり、救いが近づいているのに、今の時をとらえることをしないからです。「近づきつつある救いの地平に生きる人間を見出すこと、これこそ、新しい人間を語る説教、そしていっさいの説教の技法一般の前提であります[27]」。

個人的なことで恐縮ですが、筆者の属する大学の学部では、教授会の前に聖書を読み、祈りをします。最近、その教授会報告に聖書箇所を載せるように求められました。求めたのはキリスト者でない教授たちです。聞くところによると、教授会報告に聖書箇所が載るのは大学始まって以来と言われています。掲載を希望した教授会メンバーの一人がこう言ってくれました。「どうしていつもどんぴしゃりの聖書の言葉が語られるのだろう。今日の箇所はまるでこの日の自分のためにあるかのようだ。聖書の言葉は時代を超えて真理を語るというのは本当だと思う」。これは嬉しい、ありがたい感想の言葉でした。この嬉しい出来事は、決められた週の聖句を読んでいては起こり得ないことです。それぞれの状況の中で神が語りかけてくるみ言葉に向かい、祈りの中に今ある状況を持ち込み、どのようなテキストが今語り出すべきであるかを黙想する中で与えられた言葉であり、聴き手の出来事になったことなのだと思います。

神の救いの歴史の中にある〈時〉をとらえるということは、そこに生きる人間が、神に救われる人間として新しく見出されることを創造的に発見することです。出来事としては説教において起こりますが、説教黙想の中で、新しい人間が創造されることが見えなければなりません。「新しい人間についての説教の前提になるのは、新しい人間を見るまなざしであります」[28]。聖書の言葉の黙想の中で、新しい人間の出現が見えるのです。無に消えていきそうな人間が救い出され、説教の言葉を通して神の救いの御業に生かされていく姿が見えてくるのです。暗くうつむいている顔が、起き上がり、希望と喜びに目を輝かしている顔が見えるのです。その姿が見えた時、語らずにおれなくさせられるはずです。そこで語り出される説教が「預言者的説教」[29]と呼ばれるのです。

われわれの説教から新しい人間が出現しなければなりません。これは、救いの歴史における必然を示す「ねばならない」であります。新しい人間、これこそ、来たるべき日曜日のための神のみこころであります。[30]

私どもが、私ども自身に驚き始めるならば、どんなによいことでしょうか。私どもは、自分が幾分か知っているつもりになっているような人間ではありません。自分が体験的に知ってきたような人間ではないのです。私どもは、別の存在です。これまで説教されることのなかった聖書という総譜は、私どもをすべて別の存在のなかへと連れ込んでくれます。このアンティ・メルヒェンを物語り、そこで私どもの役割を演じるために必要なのは、ふたつの前提です。ひとつは、創造の世界への洞察であり、また、新しい世界の見方であります。[31]

5

ここで示されている人間の姿は、当然のことながら哲学的な人間論ではありません。人権思想史において形成されてきた人間論は、自然法や自然権という概念で表現されてきました。自然法という用語は、ピューリタン時代において聖書的な理解で語られていましたが、時代を経るに従い宗教的なものから離れて哲学的になっていきました。そこで表現されている人間性の概念は、多元化している社会の中で、一定の共通価値を築こうとしている点で貢献しています。けれども、それら無神論的な人間観は、人間存在の根源と目的を喪失しています。神の愛の選びの中にあることも、人間がそれにかたどって造られたはずの神の姿も知りません。そして完成をもたらす方の中にこそ将来を持っていることも無視しています。一言で言えば、「あらゆる恵みの源である神」（ペトロの手紙一第五章一〇節）を失っているのであり、愛が欠けているのです。

哲学的人間論からは説教できません。それは人間の理性が認識した理念であって、理性を超えるものではありません。ルターの言葉で言えば、それは「全て信仰、希望、愛については何も教えていない。それどころか、むろん神の行いについては記されていない。ただ現状のみを眺めている」[32]。聖書は神の恵みと私どもの救いに関わる出来事で満ち溢れているけれども、人間を中心とした思想や哲学はそれを教えてくれないのです。ではそれは何をしているかというと、「ただ現状のみを眺めている」に過ぎない。つまり、人間を超える神の愛の御業を説教することはできないのです。

けれども、十字架のキリストによって神に創られた新しい人間を語る説教は、人権を形成する人間観に、時にかなって新たな思想的影響を与えることができます。福音は、新しい理念を、制度を、法を、社会を、新たに形成するエネルギーになるのです。なぜならば、そこに愛があるからです。愛という概念があるのではなく、神の愛を体験した人間が現れ、愛に生かされた人生を歩み出す現実が起こるのです。その人間には時代の観察や、法から生まれてこない行動と決断があります。十字架のキリストにおいて啓示された神の永遠なる愛の意志行為に応える人格的人間が創造されるのです。その人間が社会に責任を持つのです。ペンシルヴァニア州を創設したウィリアム・ペンは次のように言いました。

人間が政治体制に拠っているのではなく、むしろ政治体制が人間に拠っているのである。人間を良くしよう。そうすれば政治は悪くなり得ない。もしそれが病めば彼らが癒すだろう。(33)

そのために必要なことは、今ここに生きておられる神の愛の意志を説教することです。その愛は、神の言葉と行為の中で歴史となっています。それが甦られた十字架のキリストです。

神は、独り子を世にお遣わしになりました。その方によって、わたしたちが生きるようになるためです。ここに、神の愛がわたしたちの内に示されました。(ヨハネの手紙一第四章九節)

その一人の方はすべての人のために死んでくださった。その目的は、生きている人たちが、もはや自分自身のために生きるのではなく、自分たちのために死んで復活してくださった方のために生きることなのです。……だから、キリストと結ばれる人はだれでも、新しく創造された者なのです。

（コリントの信徒への手紙二第五章一五―一七節）

教会と説教に力が失われているとすれば、その要因は、今ここに生きて働いておられる神の愛の意志が聴こえなくなっているからでしょう。原因を探れば、啓蒙主義の影響や本書で紹介したこの国の政策や制度とも無関係ではありません。しかし、その事実を知識として知るだけでは問題の本質を解決することはできません。そこで求められるのは、献身の覚悟です。「新しい人間を説教するということは、〈人のために生きる現実存在（Proexistenz）〉、つまり、献身することによってのみ可能となります(34)」。

献身するとは、キリストの弟子となることです。キリストの弟子になることは、完全な犠牲が伴うことを意味します。自分の生活習慣や価値観をも柔軟に変更することを余儀なくさせられます。場合によって、その人が歩んできた人生の否定にもなります。それは福音内容の変更ではなく、伝達手段の変更を求められるのです。具体的に言えば、語り口を変えなければならないのです。パウロは、言葉が通じないことで途方にくれたガラテヤの教会の人々に対して、「語調を変えて」（ガラテヤの信徒への手紙第四章二〇節）語りかけました。「分かりやすく説明しましょう」（ガラテヤの信徒への手紙第三章一五節）と語り出したのです。「分かりやすく説明」とは、元の言葉で「人間のこととして」という意味です。人間社会の事柄で話しましょう。どんな人でも分かる私どもの日常生活を例にとって、分かりやすく話しましょう、と語り出したのです。「ユダヤ人に対しては、ユダヤ人のように」（コリントの信徒への手紙一第九章二〇節）語ったのです。福音内容は同じですが、説教の語り方は自由です。それはプロテスタント教会が回復した積極的な側面になるはずなのです。ところが、今日どこの教会に行っても説教はつまらない、ねむい、退屈という感想が漏れ聞こえてきます。現象としては説教の儀式化ともいうべきことが起こっているのかもしれません。今、説教者に求められていることは、自分を変え、他者を生かすために新しくする努力と想像力です。自分を変えるとは、自分を殺すことでもあります。もちろん、それを支えているのは神の愛です。

したがって、献身はまた殉教の道でもあります。犠牲の伴わないキリストの弟子の道はないからです。殉教には迫害が伴うことも容易に想像できます。福音伝道はこの世からの憎悪を経験するのです。「わたしはあなたがたを遣わす。それは、狼の群れに羊を送り込むようなものだ。……わたしの名のために、あなたがたはすべての人に憎まれる」（マタイによる福音書第一〇章一六、二二節）。キリストに従う時に、この道を避けて通ることができないことを聖書ははっきりと語っています。もしかすると、教会が福音を語りきれていないのは、聖書の言葉をこの世に生きる人間に聞こえが良いものとしているからかもしれません。ボーレンは日本の説教者に次のように言っています。

必要なのは、殉教の将来を指し示すことであります。アンティオケアのイグナティオスが、ローマに旅して、そこで殉教の死を遂げようとしたとき、こう書きました。「今、私は、ようやく弟子であることを始めます」（イグナティオスのローマの教会への手紙第五章三節）。今回東京で〔東京神学大学における特別公演の際に〕、二一世紀を視野に入れつつ、学生たちに何かおっしゃってくださいませんかと尋ねられました。そのときは、少々ぼんやりしていて、はっきりした意見を言えませんでした。そうでなかったら、こう言っていたのではなかったかと思っております。「どうぞ十分に注意して、殉教に備えていただきたい。いや、今既に弟子であることを始めていただきたい」[35]。

6

ここでも、殉教という主題に辿り着いてしまいました。考えてみれば、神への服従を生み出す福音は、王に抗う抵抗権の思想的基盤にもなっていましたので、どの時代においても迫害を経験しました。もちろん、キリスト者を迫害するのは国家権力だけではありません。この世界に生きるとき、神から離れさせる世に憎まれることが起こります。しかし聖書はこの世とうまく調子を合わせる自己を憎むように呼びかけられるのです。禁欲的にではなく、恵みによって、より良い可能性のために、神に背く自己を憎むようになるのです。この主題についてルターの次の言葉を紹介します。

善者に対抗し、偽りの自己否定に生きる者たちに対抗するからである。

自分を否定する者は、キリストのために試練に遭うのを覚悟してもらいたい。なぜかと言えば、自分を否定する者は、自分自身が立てる義のわざを論難し、咎める。そのようにして偽善者に対抗し、偽りの自己否定に生きる者たちに対抗するからである。[36]

キリストの弟子になるということは、試練を経験することであると言います。キリストに従うときに必ず試練が伴うのです。なぜならば、人間が自分で立てる義のわざによって生きることを否定するからです。キリストに従って進むとき、そこで必ずキリストの十字架による贖いを否定する相手が現れます。人間が立てる義を主張する相手と向き合わなければならないのです。それでもキリストの言葉に従うときに、「自分の十字架を負う」ことが始まると言います[37]。ここでルターが想起しているのは、マタイによる福音書第一六章の以下の言葉です。

イエスは、御自分が必ずエルサレムに行って、長老、祭司長、律法学者たちから多くの苦しみを受けて殺され、三日目に復活することになっている、と弟子たちに打ち明け始められた。するとペトロはイエスをわきへお連れして、いさめ始めた。「主よ、とんでもないことです。そんなことがあってはなりません」。イエスは振り向いてペトロに言われた。「サタン、引き下がれ。あなたはわたしの邪魔をする者。神のことを思わず、人間のことを思っている」。それから、弟子たちに言われた。「わたしについて来たい者は、自分を捨て、自分の十字架を背負って、わたしに従いなさい。自分の命を救いたいと思う者は、それを失うが、わたしのために命を失う者は、それを得る」。

（マタイによる福音書第一六章二一―二五節）

キリストに従う道に十字架を負うことは不可欠なのです。十字架を求めなくても、キリストの言葉に従うときに、自分の十字架を背負うことが起こっているのです。

加藤常昭は、この聖書箇所から「主イエスの背を見つめて」と題する説教をし、後にそれを表題とする説教集を出しました。[38] 加藤がそこで注目している一つの言葉が主イエスの「引き下がれ」という言葉です。この言葉の元の意味は「自分のうしろへまわれという意味[39]」です。「わたしについて来たい者は」という言葉も、「だれでもわたしのうしろからついてこようと思うなら」という言葉であることを指摘しています。[40] つまり、キリストの弟子とは、主イエスの背後に立って、うしろから従う者なのです。それが「主イエスの背を見つめて」というイメージ豊かな説教題となっています。

信仰に生きることは、主イエスの背を見て歩むことだと申しました。この背中は鞭打たれた背、十字架を負うた背、その重みであざができた背であります。この背を見つめつつそのあとを追う人間は、この背の傷の持つ意味を無視することはできません。自分のいのちのために傷ついたこの方の恵みの歩みを無にせず、そのあとをついていくことだけが、私どもに与えられた生活なのであります。[41]

人間の罪に恵みをもって答えられた神のあわれみの道に、主イエスの背後から従うということは、必然的に「自分を捨て、自分の十字架を背負う」道になるのです。教会の説教者ならば既に経験したことがあるでしょう。神の言葉を語るときに憎まれることが起こるのです。主イエスは神の意志に服従しない心を「サタン」と呼ばれました。その心を支配しているのは「神のことを思わず、人間のことを思っている」ことにあります。神の言葉よりも、人間の言葉に従った方がどんなに楽であるかと思うことはいくらでもあるのです。教会の中でも起こります。聖書の言葉に従うよりも、今はあの長老や教会員の言葉に従った方が得策だと思ったことはないでしょうか。神のみ顔よりも、あの人やこの人の顔が大きく見えて、そちらに怯えることはないでしょうか。ルターも言います。「すばらしい歩み出しはするものの、途中で疲れ果て、終点に至らない者が多い。……この世の平安、宝に目を奪われるか、ほかのこの世の利益に心を奪われるからである」[42]。人間の思いや言葉に従うことは楽なのです。「滅びに通じる門は広く、その道も広々として、そこから入る者が多い」（マタイによる福音書第七章一三節）。

したがって、試練と誘惑のないキリスト者の人生はないのです。その信仰の戦いの中でキリストの言葉に従うとき、必ず十字架を背負っています。正しいことを語るとき、勇気が必要でしょう。特に、世論が後押ししてくれず、社会の流れが逆に向かっているとき、それに対抗することは勇気がいります。聖書によれば、試練のない人生はありません。けれども、神のいない人生もありません。神はいつも共におられます。それを保証してくださった主イエスが言われるのです。「私に従ってきなさい」。また次のようにも言われました。「あなたがたには世で苦難がある。しかし、勇気を出しなさい。わたしは既に世に勝っている」（ヨハネによる福音書第一六章三三節）。

ここでクリストフ・ブルームハルトの美しい言葉を紹介します。

> 愛するキリスト者たちよ、生きなければならないのはあなたがたではない。イエスこそ生きてくださらなければならない。このことを成し遂げるのはあなたがたではないからである。キリスト者たちではないのである。イエスがことを成し遂げてくださる。キリストが成し遂げてくださる。……
>
> 　イエスご自身が発言されなければならない。そしてイエスは語ろうとされる。イエスは、生きておられる神の霊において、われわれのうちにご自身を啓示しようとされる。ご自身に属する者たちのなかでますます力強く働こうとされる。……そうだ、われわれが共にわれわれ自身を献げ、イエス・キリストを通じて、聖なる霊において、真実なる神、真実なる父がほめたたえられるようにしよう！　そうだ、あなたがたは死ななければならない！　死んだらよい、そうしたらイエスが生きられるのである。(43)
>
> （傍点原書）

キリストが語り出されるために、自己が死ななければならない。それは主体性を失うことではありません。パウロも「生きるとはキリストであり、死ぬことは利益なのです」（フィリピの信徒への手紙第一章二一節）と語ったとき、主体性を失ったのではありません。ガラテヤの信徒への手紙では次のように言います。

生きているのは、もはやわたしではありません。キリストがわたしの内に生きておられるのです。わたしが今、肉において生きているのは、わたしを愛し、わたしのために身を献げられた神の子に対する信仰によるものです。（第二章二〇節）

キリストに従うことは、キリストが〈私〉の内にあって、〈私〉を通して語りかけられる神の御業に参与することです。そこで自分を大切にするとは本当はどういうことなのかを知るのです。神に愛されている自分たち自身であることを知るのです。自分を捨てることによって、自分が生きるのです。神の愛に生かされていることで、すこやかな人間としての生き方を知るのです。

7

ガラテヤの信徒への手紙では、この事実を「キリストを着ている」（第三章二七節）という美しい言葉で表現しました。キリストを着るとは、洗礼を受けているということです。洗礼を受けて、神の子とされているということは、人間のどんな違いも神の救いにおいて問題にならないということです。

そこではもはや、ユダヤ人もギリシア人もなく、奴隷も自由な身分の者もなく、男も女もありません。あなたがたは皆、キリスト・イエスにおいて一つだからです。（第三章二八節）

新しく創造された人間の衣装は、すべての違いを乗り越えます。民族的、社会的、性的区別が存在価値を決める決定的な違いではもはやありません。身分の違いも問題ではありません。ここで語られていることは〈平等〉です。江戸時代の日本人を驚かせた〈平等〉です。神に愛されている救われた存在です。その同じ福音の響きは現代社会を生きる人間にも届きます。役に立つか立たないかで存在価値をつけられる社会で疲弊している人間を起き上がらせることができます。

現代社会は宮沢賢治が描く『注文の多い料理店』のようです。その物語では、二人の紳士が山奥に狩りに出かけ、迷子になる。お腹がすいてきたときに、ふとしゃれた西洋風のレストランがあるのに気づく。穴場のレストランだと思い、中に入ってみる。するとそこは「注文の多い料理店である」とあるので、人気のあるレストランだと思い中に進んでいく。ところが、入るとすぐに看板があり、靴を脱ぐようにいわれる。ドアをあけるとまた看板があり、髪を整えることと書いてある。そして次々とドアと看板が続く。作法に気をつけること、身じまいをただし、魅力的な化粧をしていくことが求められていく。実は、注文の多い料理店とは、お客が店に注文することが多いのではなくて、お店がお客に注文することが多い料理店であった。彼らは最後の扉の向こうに獣がいることに気づく。そこで彼らは、これまで自分たちがしてきたことが、獣に食べられるための自分を作っていたことに気づかされる。それまでのことは、店に蝕まれるプロセスであったのです。

今日も注文の多い社会です。小学校から競争社会のレールを走らされています。良い小学校、中学校、高校、大学に入らなければ将来は厳しい。そのために習い事、受験戦争を戦わされてきた。大学に入っても終わらない。資格を取らなくてはならない。外国語ができなければ駄目。魅力的な容姿、教養、それらを身につけて少しでも就職に有利でなければ人生を充実させることはできない、と。社会に出て結婚したら、子どもを良い学校に行かせなくてはいけない。子育てが終われば、幸せな老後を過ごすために、今のうちに良い老人ホームを見つけておかなければならない。お墓も、お参りしやすいところを買っておかなければ、誰も来てくれないよ、と。一つ一つは、大事なことです。無駄なことではない。けれども、その学びと生活のプロセス自体が社会に蝕まれるプロセスのようです。みんな社会の衣に疲れを覚えています。毎年三万人近い人の自死がその事実を物語っています。心を病み、自分で自分の命を絶つ動きを、この社会はなかなか止めることができない。合理性と利便性に価値を見出すこの社会の中で、存在を無にする力が襲いかかってきます。だから、この社会に生きる人間に語り出さなければならないのです。

慰めよ、わたしの民を慰めよと
あなたたちの神は言われる。……
主の口がこう宣言される。呼びかけよ、と声は言う。……
この民は草に等しい。
草は枯れ、花はしぼむが
わたしたちの神の言葉はとこしえに立つ。

高い山に登れ
良い知らせをシオンに伝える者よ。
力を振るって声をあげよ。
良い知らせをエルサレムに伝える者よ。
声をあげよ、恐れるな
ユダの町々に告げよ。

（イザヤ書第四〇章一―九節）

神の言葉は、現代社会に生きる人間をも救い出します。誰でもキリストを着る新しい人間として新しく生きることができます。その現実が実現する場所こそが教会なのです。教会が教会として、福音を語り出したとき、この社会からは生まれることのない新しい人間の創造が約束されているのです。

8

最後に、改めて問うべきは、教会が神の創造の御業を語り出すことです。これはいわゆる伝道者だけに求められているのではありません。あらゆる信仰者に求められている道です。特別に大変な生き方をするのではありません。むしろその生活の中で、自分のいのちを大切にすることのできる幸せな道です。あなたが生きることで、あなたの中に生きておられる、新しく生かしてくださったキリストが語り出されるのです。

神の創造の御業について語る言葉を失ったキリスト教界は、人間の意識を鈍くさせていきます。「創造者と造られたものとしての被造物とを忘れてしまった神学や宣教の言葉は、水や大気が汚染されていることをも、大地が毒されていることをも妨げることができなかったのである」(44)。もちろん、世界の社会問題を指摘する声が福音をかき消してしまえば、本末転倒です。教会が説教において語るべきことは絶対的な事柄、すなわち神を神とすることです。相対的な事柄、すなわち社会の中で起こっているさまざまな問題の是非が絶対的な事柄を背後に追いやれば、神なくしても成り立つ説教へと容易に陥ります。それは結果的にそこに生きる人間を慰めることも、社会を回心させるエネルギーをもたらすこともなく、社会への憎悪を作り出すだけです。そうではなくて、福音を福音として語れば、神の造られた世界に意識が行くはずです。神を神とする信仰に生きるとき、人間を絶対化・神格化する動きに敏感になるはずなのです。「ユダヤ人の根絶に対して、まことに弱々しくしか信仰を言い表すことができなかった教会は、自然破壊に直面しても同じように自分の信仰を明確に語ることをしてこなかった(45)」という言葉の感覚をわれわれが持っているか問わなければなりません。

戦後日本の教会の戦争責任についても、同様の感覚を覚えます。一方では、確かに戦時中キリストに従いきれなかった現実があり、戦後それと向き合うことをしてこなかった事実があります。他方で、そのことを糾弾してきた人々もまた、教会の信仰を壊す動きに加担しました。イエスの神性を否定し、十字架のキリストによる贖罪を認めず、福音を曲げる道へ進んだのです。いずれも、福音を宣べ伝えるというキリスト教会の責任を果たしていないことになるでしょう。それは真実な意味で教会の戦後責任を果たしていないことになります。人間の罪に対して、自然に対して、神の造られた世界に対して、神のあわれみに支えられながら神の恵みに応える人間を創造しなければなりません。そのために神がお選びになった方法は福音伝道です（コリントの信徒への手紙一第一章二一節）。

〈福音伝道と人権形成〉、両者のつながりの結実には果てしなく遠い道のりがあります。思い起こせば、ローマ帝国時代はキリスト教が公認されるまでに二五〇年近い年数がかかりました。ピューリタンたちの信仰の自由を求める運動が結実するのにも八〇年近くかかり、人権理念の法制化には約二〇〇年を要しました。日本のプロテスタント教会宣教は僅か一五〇年を経たばかりです。国にも教会にも課題は山積しており、福音が与える素晴らしさがこの国に生きる人間の心に浸透するには、なお長い道のりが求められます。

神の選ばれた福音伝道という手段は、決して派手なものではありません。歴史を見れば、人権法制史において主役を演じた人々は、決して福音伝道の担い手たちではありませんでした。むしろ中心にいたのは、歴史家が見れば、非聖書的・非正統的な啓蒙主義者たちでした。しかし、彼らの自覚を超えて彼らを動かし、その道を拓いたのは、彼らを支えた民衆運動の存在でした。その通奏低音には常に人間を無にしない福音の響きがありました。イギリスのコモン・ローヤー、アメリカの建国の祖父たち、日本の自由民権運動家たち、その背後には必ずキリスト教会の福音伝道がありました。歴史の中で形成されてきた人間の尊厳に関する文化価値は、福音伝道の担い手たちによって民衆に浸透し、彼らの主体性に影響したのです。それは、長い時間をかけて世界に深い影響を与える道です。今こそひるむことなく福音を伝道する使命が与えられているのです。

おそらく、福音伝道は人権形成の表舞台に出ることはないでしょう。また、そうする必要もないと思います。福音の伝道は地味な働きです。「そんなことをして何になるのか」と揶揄されることの方が多いでしょう。「地の塩」とはそのような存在です。塩は必要不可欠な存在ですが、目立ち過ぎると食べられません。人のためになるものは、必ずしも喜ばれるわけではないのです。喜ばれない役割をとらされることを覚悟する必要があります。なぜならば、福音に生きる新しい存在は、人間の中に悪魔的な要素があることを否定できないからです。二〇世紀にユダヤ人たちやアジアの近隣諸国が受けた歴史を見れば分かります。人間は、時に目を疑うことをやってのけるのです。不安や不満な心を、怒りや妬みや憎しみで対処するからです。今日でも同じです。IS（「イスラム国」）や中国の脅威を煽り、仮想敵国を作り、不安を煽っています。嫌韓や嫌中という書物が売れています。悪意に対して悪意で対処しているのです。そうすることによって、結局悪に負けているのです。こういうことからも、日本においては、民主主義、政教分離、人権、それらを法制化した日本国憲法など、形式的にキリスト教文化価値を享受していますが、それを担う主体性の確立にはなお成熟さが求められています。これらの歴史的文化価値を潜在的な仕方で育んだ聖書は「敵を愛し」（マタイによる福音書第五章四三節）、「あなたがたを迫害する者のために祝福を祈りなさい。祝福を祈るのであって、呪ってはなりません」（ローマの信徒への手紙第一二章一四節）と言います。「悪に負けることなく、善をもって悪に勝ちなさい」（ローマの信徒への手紙第一二章二一節）と言われるのです。不安に対して、憎悪ではなく、愛で対処することを勧めるのです。その道を支えておられるのは、十字架のキリストです。

福音が語っていることは合理性を超えています。けれども、人間の心に届き、世界をより良い方向へと形成した文化価値の多くは、合理性を超えていました。マーティン・ルーサー・キング・ジュニア牧師やマザー・テレサの行動もそうでしょう。その行動を一言で言えば、〈愛〉です。むしろ、理性に叶うと考えられた理念や政策は、歴史において非人間的な行動をとりました。合理性は必ずしも歴史を形成するものではないのです。不安定な社会の中で求められるのは、憎しみではなく、愛です。文明があり、技術があり、人を守る武器があり、憲法があっても、愛がなければ全ては虚しいものです。愛がなければ、武器は暴力に変わり、憲法は束縛に変わり、技術や文明は搾取の手段になります。現代社会の中で欠けているのは、愛です。しかし、本当は世界は愛に生きたがっているのです。この憧れに応えるのが、福音を語る教会です。

愛は非合理的なものです。犠牲が伴うからです。愛が憎しみへと変わるとき、信頼ではなく懐疑的になり、自由ではなく束縛し、人権も崩されていきます。愛は冒険です。不安の海原に何の確証もありません。その歴史の航海をいかに進み、向こう岸に着くのか。暗い雲が星の光を遮るとき、何に頼るのか。教会という舟には、聖書という地図があり、聖霊の風を帆に受けて、世の不純な動機に対しても「だが、それがなんであろう」（フィリピの信徒への手紙第一章一八節）という突き抜けたまなざしで前に進んできました。怒りや憎しみに対して「だが、それがなんだ」と言える信仰。そう言えた教会が歴史を乗り越え、社会を新しくすることに結果的に仕えたのです。その心を支えているのが〈神の愛〉です。最後にローマの信徒への手紙で語られている以下の言葉を引用して結びとします。

だれが、キリストの愛からわたしたちを引き離すことができましょう。艱難か。苦しみか。迫害か。飢えか。裸か。危険か。剣か。……
しかし、これらすべてのことにおいて、わたしたちは、わたしたちを愛してくださる方によって輝かしい勝利を収めています。わたしは確信しています。死も、命も、天使も、支配するものも、現在のものも、未来のものも、力あるものも、高い所にいるものも、低い所にいるものも、他のどんな被造物も、わたしたちの主キリスト・イエスによって示された神の愛から、わたしたちを引き離すことはできないのです。

（ローマの信徒への手紙第八章三五—三九節）

注

はじめに

（1）宮沢俊義『憲法Ⅱ』「法律学全集4」（有斐閣、一九七一年）八一頁。
（2）宮沢俊義『憲法Ⅱ』八〇頁。
（3）宮沢俊義『憲法Ⅱ』八〇―八一頁。
（4）宮沢俊義『憲法Ⅱ』八〇頁。
（5）宮沢俊義『憲法Ⅱ』七九頁。
（6）宮沢俊義『憲法Ⅱ』八一頁参照。
（7）海老澤有道『キリシタンの弾圧と抵抗』（雄山閣、一九八一年）二五頁参照。『フロイス日本史1　豊臣秀吉篇Ⅰ』松田毅一・川崎桃太訳（中央公論社、一九七七年）三二〇―三二一頁参照。
（8）片岡弥吉『日本キリシタン殉教史』（時事通信社、一九七九年）七一頁。
（9）片岡弥吉『日本キリシタン殉教史』三四〇頁。
（10）片岡弥吉『日本キリシタン殉教史』三四〇頁。
（11）宮田登『生き神信仰――人を神に祀る習俗』（塙新書、一九七〇年）参照。
（12）安丸良夫・宮地正人校注『日本近代思想大系5　宗教と国家』（岩波書店、一九八八年）二八一―三一六頁参照。
（13）山住正己校注『日本近代思想大系6　教育の体系』（岩波書店、一九九〇年）三八五―四〇七頁参照。
（14）キリスト教学校教育同盟百年史編纂委員会編『キリスト教学校教育同盟百年史』（教文館、二〇一二年）

三五―三七頁参照。

第一章

(1) G. Jellinek, *Die Erklärung der Menschen-und Bürgerrechte*, vierte Auflage, München und Leipzig, 1927. イェリネック対ブトミー『人権宣言論争』初宿正典編訳(みすず書房、一九九五年)に収録。

(2)『人権宣言論争』一〇頁。

(3)『人権宣言論争』一〇頁。

(4)『人権宣言論争』九―一〇頁。

(5)『人権宣言論争』九頁。

(6)『人権宣言論争』一九九頁。

(7) 古関彰一によれば、「押し付け論」の引き金になったのは一九五七年のR・ウォードの論文であったとしている。Robert E. Ward, "The Origins of the Present Japanese Constitution" in *American Political Science Review* (Jan. 1957): 1001-1002, 1010. 古関彰一『日本国憲法の誕生』(岩波書店、二〇〇九年)一八一頁参照。また、それ以前にも憲法改定過程を観察していたアメリカ人ジャーナリストの次のような日記が公刊されていた。「このアメリカ製日本憲法はそれ自身悪い憲法ではない。……悪いのは――根本的に悪いのは――この憲法が日本の国民大衆の中から自然に発生したものではないということだ。それは日本政府につかませた外国製憲法でその上高等学校の生徒さえ一寸読んだだけで外国製だということに感づくのに国産品だと称して国民に提供されたのだ」。M・ゲイン『ニッポン日記 上』井本威夫訳(筑摩書房、一九五一年)一一四―一一五頁、堀真清「植木枝盛の憲法草案(一八八一年)――合衆国憲法と日本国憲法を架橋するもの」『西南学院大学法学論集』二三号(西南学院大学学術研究所、一九九一年)一八二頁より再引用。

(8) この点について、鈴木は新聞で次のように述べている。「別に同人たち共通の参考資料としたものはないが、明治一五《ママ》年の植木枝盛の『東洋大日本国憲法《ママ》』、土佐立志社の『日本憲法見込案』など日本最初の民主主義的結社自由党の母体たる人々の書いたものを始めとして、明治初期真に大弾圧にこうして情熱を傾けて書かれた二〇余の草案を参考にした。外国の資料としては、一七九一年のフランス憲法、アメリカ合衆国憲法、ソ連憲法、ワイマール憲法、プロイセン憲法がある」（『毎日新聞』一九四五年一二月二九日付、堀真清「植木枝盛の憲法草案（一八八一年）」より再引用）。

(9) 日本国憲法の成立に鈴木安蔵並びに「憲法研究会」の影響があることは、当事者周辺と一部の学者たちの間で認識されるに留まっていた。出版物においては一九六〇年代後半頃に公になり始めた。たとえば、佐藤達夫『日本国憲法成立史　第二巻』（有斐閣、一九六四年）、鈴木安蔵『憲法学三十年』（評論社、一九六七年）、高柳賢三・大友一郎・田中英夫編『日本国憲法制定の過程』（Ⅰ）（Ⅱ）（有斐閣、一九七二年）、鈴木安蔵『憲法制定前後――新憲法をめぐる激動期の記録』（青木書店、一九七七年）、鈴木安蔵博士追悼論集刊行会編『日本憲法科学の曙光』（勁草書房、一九八七年）などがある。けれども、日本の法学会の中でも鈴木の存在は注目されてこなかった。その理由の一つは、当初鈴木が京都帝国大学を中退した在野の憲法学者であったことやマルクス主義に傾倒していることが関係していたと考えられる。しかし、一九八九年に古関彰一が『新憲法の誕生』（中央公論社、一九八九年）の中で日本国憲法の成立経緯と鈴木安蔵を紹介したこと（二〇〇九年に改訂増補版が『日本国憲法の誕生』と題して岩波書店から出版されている）、また小西豊治が『憲法「押しつけ」論の幻』（講談社現代新書、二〇〇六年）を出版したころから鈴木に注目が集まるようになった。そして特に、二〇〇七年にＮＨＫ・Ｅテレ特集『焼け跡から生まれた憲法草案』で鈴木に注目したドキュメントが放映され、また「日本の青空」で映画化されたことにより、日本全国に広く知られるようになった。さらに二〇一二年ＮＨＫ・Ｅテレで「日本人は何を考えてきたのか――明治編」で影響史的な観点から鈴木に触れる番組が放送されたことでも一目置かれる要因となった。なおこの番組は書籍化され、ＮＨＫ取材班編『日本人は何を考えてきたのか――明治編　文明の扉を開く』（ＮＨＫ出版、二〇一二年）に収録されている。

（10）拙論「キリスト教と人権思想――日本国憲法への影響をめぐって」『キリスト教と文化』紀要二九号（青山学院宗教センター、二〇一四年）別紙資料「憲法対観表」参照。
（11）『人権宣言論争』八六頁。
（12）『人権宣言論争』九九頁。
（13）『人権宣言論争』一八八頁。
（14）J・カルヴァン『キリスト教綱要』Ⅳ・2、渡辺信夫訳（新教出版社、一九七一年）二五七―二五八頁参照。カルヴァン「ローマ書」『カルヴァン新約聖書註解7』渡辺信夫訳（新教出版社、一九五九年）一三章一節参照。
（15）カルヴァン『キリスト教綱要』Ⅳ・2、一三一頁。
（16）カルヴァンの思想と人権思想との関係については以下のものが参照できる。J. B. Torrance, "Interpreting the Word by the Light of Christ", in R. Schnucker (ed.), *Calviniana* (Kirksville, Mo., 1989) 255-267.
（17）カルヴァン『キリスト教綱要』Ⅳ・2、二六六頁。「一私人ではなくて、今日、人民を擁護するために、王たちのほしいままを抑制する官憲が立てられているならば、……これらの官憲が、職務上王たちの凶暴なわがままを断ち切るのを、私は決して禁じない」（二六五頁）。
（18）E・トレルチ「ストア的＝キリスト教的自然法と近代的世俗的自然法」『トレルチ著作集7　キリスト教と社会思想』（ヨルダン社、一九八一年）二六二頁。トレルチ「近代世界の成立に対するプロテスタンティズムの意義」『トレルチ著作集8　プロテスタンティズムと近代世界Ⅰ』堀孝彦訳（ヨルダン社、一九八四年）八五―八八頁参照。カルヴァン以降の抵抗権の思想的発展については、以下のものが参照できる。Cf. Bodo Nischan, "Confessionalism and Absolutism: the case of Brandenburg" in Andrew Pettegree, Alastair Duke, Gillian Lewis (eds.), *Calvinism in Europe, 1540-1620* (Cambridge: Cambridge University Press, 1994) 197-204. A. E. McGrath, *A Life of John Calvin* (Oxford: Blackwell Publishers, 1993) 186-188. A・E・マクグラス『ジャン・カルヴァンの生涯　下』芳賀力訳（キリスト新聞社、二〇一〇年）一一七―一二一頁参照。

(19) トレルチは、イェリネックの『人権宣言論』の研究を「本当の啓発的な発見」と評価し、その宗教的基礎づけとしてあるピューリタニズムを「カルヴァン派的概念ではなく、【再洗礼派である。↓《〔ママ〕》】神の大権の不可侵性についての古いカルヴァン派の理念と融合した、再洗礼派的＝自由教会的で、そしてスピリチュアリスティックな＝主観主義的諸理念の総括概念」であると指摘している。トレルチ「近代世界の成立に対するプロテスタンティズムの意義」九〇頁。

(20) ピューリタニズムについては以下を参照。大木英夫『ピューリタニズムの倫理思想』（新教出版社、一九六六年）、大木英夫『ピューリタン――近代化の精神構造』（聖学院大学出版会、二〇〇六年）。

(21) 大木英夫『ピューリタニズムの倫理思想』六一頁参照。

(22)『人権宣言論争』八八頁以下参照。パトニー会議については、その詳細な議事録が解説付きで邦訳されている。『デモクラシーにおける討論の生誕――ピューリタン革命におけるパトニー討論』大澤麦・澁谷浩訳（聖学院大学出版会、一九九九年）。また、このパトニー会議から人権理念の発生・成立を考える研究に大木英夫『人格と人権　下』がある。

(23)『デモクラシーにおける討論の生誕』一七六頁。

(24)「イングランドの最も卑しい人が、最も大いなる人と同様に、この恵みを享受することを妨げているのは神法であるか、さもなくば、人定法であるに相違ない。神法の中には、一人の貴族が二〇名の自治都市選出議員を選出し郷紳は僅か二名、貧民はなし、といったことなど全く見いだされない。自然法や諸国民の法の中でもそうだ」（『デモクラシーにおける討論の生誕』一八一頁）。

(25) ロジャー・ウィリアムズについては以下を参照。久保田泰夫『ロジャー・ウィリアムズ――ニューイングランドの政教分離と異文化共存』（彩流社、一九九八年）、森本あんり「ロジャー・ウィリアムズに見る政教分離論の相剋」『歴史の中の政教分離――英米におけるその起源と展開』大西直樹・千葉眞編（彩流社、二〇〇六年）。

(26) 久保田泰夫『ロジャー・ウィリアムズ』九二—九三頁参照。この誓約書の末尾にある「非宗教的な事柄に限る only in civil things」という文言により、ロジャー・ウィリアムズは信教の自由と政教分離の原則を明文化した史上初の人物としてその歴史的功績を残すことになった。

(27)『人権宣言論争』九〇頁。

(28)『人権宣言論争』五三頁参照。

(29) 第三条「政府というものは、人民、国家もしくは社会の利益、保護および安全のために樹立されている。あるいはそう樹立されるべきものである……いかなる政府でも、それがこれらの目的に反するか、あるいは不じゅうぶんであることがみとめられた場合には、社会の多数のものは、その政府を改良し、変改し、あるいは廃止する権利を有する。この権利は、疑う余地のない、人に譲ることのできない、また捨てることのできないものである。ただし、この［権利の行使］の方法は公共の福祉に最もよく貢献し得ると判断されるものでなければならない」(『人権宣言集』高木八尺・末延三次・宮沢俊義編［岩波書店、一九五七年］一〇九頁)。

(30) 第一二条「言論出版の自由は、自由の有力なる防塞の一つであって、これを制限するものは、専制的政府といわなければならない」(『人権宣言集』一一一頁)。

(31)「神を信ずる者は、何ぴといえども、いかなる方法によるものであれ、宗教的行為を強制され、またはその他いかなる不利益も受けることもない」(『人権宣言論争』九八頁)。

(32)『人権宣言論争』九六頁。

(33) B・フランクリン『フランクリン自伝』松本慎一・西川正身訳(岩波文庫、一九五七年)一六九頁参照。

(34) R. W. Dale, "Christ and the State", in *Fellowship with Christ* (New York: A. C. Armstrong & Son, 1891) 209.

(35)『讃美歌・讃美歌第二編』(日本基督教団出版局、一九七一年)一四二番。

(36)『人権宣言論争』九九頁。

（37）『人権宣言論争』九八頁。

（38）E・トレルチ「近代世界の成立に対するプロテスタンティズムの意義」九〇頁。

第二章

（1）高柳賢三・大友一郎・田中英夫編『日本国憲法制定の過程（Ⅰ）』三五一三六頁。

（2）塩田純『日本国憲法誕生——知られざる舞台裏』（日本放送出版協会、二〇〇八年）五六頁、古関彰一『日本国憲法の誕生』五三頁から引用。また一九七二年のインタビューでは「これで憲法ができると希望を抱いたのです」と述懐している。NHK・Eテレ特集「焼け跡から生まれた憲法草案」二〇〇七年放映。

（3）鈴木安蔵についての研究書は少ないが、以下のものが参照できる。鈴木安蔵博士追悼論集刊行会編『日本憲法科学の曙光』、小西豊治『憲法「押しつけ」論の幻』（講談社現代新書、二〇〇六年）、金子勝『鈴木安蔵先生から受け継ぐもの——鈴木安蔵先生生誕百年記念シンポジウムの記録』（自費出版、二〇〇五年）、河野朋子「鈴木安蔵と憲法研究会草案に関する一考察」『アジア太平洋論叢』九号（アジア太平洋研究会、一九九三年）五五一八六頁。

（4）金子勝や小林孝輔は、鈴木安蔵が「青年時代キリスト教に入信した」と「クリスチャンとして」誤解していたが、正確には洗礼を受けてはいない。金子は後に『鈴木安蔵先生から受け継ぐもの——鈴木安蔵先生生誕百年記念シンポジウムの記録』九頁で改めている。また鈴木の父親は鈴木の誕生前に肺結核で死去している。小林孝輔「回想の鈴木安蔵先生——その思想と行動」二五七頁。金子勝「鈴木憲法学生誕の経緯」一三一頁、一三三一三四頁参照。どちらも『日本憲法科学の曙光』に所収。

（5）鈴木のマルクス主義へと傾斜していく契機は、幼少時代の貧困生活と社会問題への開眼、そして第二高等学校時代にマルクス主義の研究と普及を目指して東北地方に来た菊川忠雄（東京帝国大学新人会）と石田英一郎（第一高等学校社会思想研究会）との出会いが大きいと考えられる。鈴木は菊川・石田との出会いの後「第二高等学校社会思想研究会」を結成するが、その案内文書に当時の心境をうかがえる内容が書かれてある。金子勝「鈴木憲法学生誕の経緯」一三七—一四〇頁所収。また幼少期の心境については、後に治安維持法で検挙された時の調書記録が参考になる。金子勝「鈴木憲法学生誕の経緯」一四〇—一五〇頁に収録。

(6) 金子勝「鈴木憲法学生誕の経緯」一三三頁。

(7)「三日間の謹慎と操行の一等格下げ。大方四等に、五等になれば落第」(金子勝「鈴木憲法学生誕の経緯」一三三頁参照)。

(8)『毎日新聞』(福島版)「高校風士記・相馬編11」一九七六年六月一五日付。金子勝「鈴木憲法学生誕の経緯」一三三頁から引用。

(9) 鈴木と吉野の二人の面談にもキリスト教の関係がある。鈴木安蔵の妻は、熱心なキリスト者であった栗原基の娘(俊子)であった。栗原は、バプテスト教会の熱心な信者で、第三高等学校基督教青年会初代主事でもある。鈴木の栗原家との出会いは、先ほどの治安維持法の事件(一九二六年)にある。あの事件で検挙された被告人の一人に、栗原の息子がいたのである。そして、基督教青年会館の寮は、検挙された京大学生たちの新たな合宿所となった。鈴木と俊子との出会いは、おそらくこの場所によるのではないかと考えられる。二人は一九二七年六月一六日に結婚をする。栗原が二人の結婚を認めたことと、この場所が基督教青年会館(YMCA)であったことから、マルクス主義の鈴木のキリスト教との関係はこの時まだあったのだと考えられるのである。

いずれにしても、栗原は人格的にも知識的にも優れた人物であった。彼は、アメリカ二〇世紀最大の神学者で、第二次大戦以降のアメリカ政治に大きな影響を与えたラインホールド・ニーバーの著作を邦訳した最初の人物である。この栗原基と吉野作造が旧知の仲であったので、晩年の吉野作造と面談が実現した。この吉野作造との出会いを通して、後に植木枝盛の発見へと至るのである。

(10) 鈴木安蔵『憲法学三十年』四七頁。

(11) 鈴木安蔵と吉野作造の関係について、堅田剛「最優秀賞受賞論文　吉野作造と鈴木安蔵——五つの『絶筆』をめぐって」（吉野作造記念館編『吉野作造記念館吉野作造研究』五号、二〇〇八年）一―一一頁が参照できる。

(12) 明治文化研究会と吉野作造については、堅田剛『明治文化研究会と明治憲法――宮武外骨・尾佐竹猛・吉野作造』（御茶の水書房、二〇〇八年）を見よ。

(13)『明治文化全集』第三巻（評論社、一九二八年）四二〇頁以下。

(14) 起草者を植木枝盛に確定するまでの変遷については、小西豊治『憲法「押しつけ」論の幻』四七―五六頁参照。

(15)『鈴木安蔵先生から受け継ぐもの――鈴木安蔵先生生誕百年記念シンポジウムの記録』二三頁。鈴木が高知へ資料採取に出かける際、尾佐竹猛でさえも、何も残っていないから無駄であろうと意見したそうである。しかし、実際は尾佐竹の予想を裏切って大量の枝盛に関する資料が発見されたのである。家永三郎『植木枝盛研究』（岩波書店、一九八四年）五頁参照。

(16) 鈴木安蔵『自由民権・憲法発布』（白揚社、一九三九年）一二五―一二六頁参照。鈴木安蔵『明治初年の立憲思想』（育生社、一九三八年）二六一頁以下参照。

(17) 植木枝盛の研究者家永三郎は次のように述べて鈴木を高く評価する。「枝盛研究史上における鈴木の功績は高く評価されねばならないが、鈴木の功績は、単にその研究結果についてのみ認められるのではなく、同時に、彼が枝盛の全貌研究のために不可欠の根本史料を採訪し、その保存をはかった労について、いっそう大きな功績があることを忘れてはならない」（家永三郎『植木枝盛研究』四―五頁参照）。

(18) 鈴木安蔵『憲法学三十年』一五三頁。鈴木は後にインタビューで「私はずっと自由民権を、その史料をあさっていたからね、明治一三、四年頃の我々の父祖たちが苦心して作った草案は参考にした。けれども、いちばん参考にしたのはフランス革命の人間宣言と一七九三年のジャコバン憲法。ただ、植木枝盛の草案には抵抗権の規定があるんだな、これは非常に僕の注意をひいた。……僕はフランス革命の九三年憲法の条文と、植木枝盛がこういう論文〔ママ〕を書いているところに共鳴して、我々も新しく転換する段階においては、ぜひこれをいれなくてはいかんというんで書いたんですよ」(傍点筆者)。自由民権百年全国集会実行委員会会報『自由民権百年　第三号』(一九八一年五月一日)五―六頁。堀真清「植木枝盛の憲法草案(一八八一年)」一九九頁より再引用。

ちなみに、鈴木は憲法私案において「新政府樹立権」として抵抗権を掲げ、「政府憲法ニ背キ国民ノ自由ヲ抑圧シ権利ヲ毀損スルトキハ国民之ヲ変更スル」という文言を入れていたが、憲法研究会における作成段階で室伏高信から疑問が出されて、一人でも疑問が出た場合には載せないという鈴木の方針により削除した。鈴木安蔵『憲法制定前後』九九―一〇〇頁参照。

(19) 植木枝盛については、家永三郎『植木枝盛研究』、岩永三郎他編『植木枝盛集』全一〇巻(岩波書店、一九九〇―一九九一年)、中村克明『植木枝盛――研究と資料』、家永三郎「植木枝盛とキリスト教」『福音と世界』一二(五)(新教出版社、一九五七年)六四―七一頁、堀真清「植木枝盛の憲法草案(一八八一年)――合衆国憲法と日本国憲法を架橋するもの」『西南学院大学法学論集』二三号(西南学院大学学術研究所、一九九一年)一七一―二一二頁、小畑隆資「『共生』の課題――植木枝盛とキリスト教」『文化共生学研究』第一号(岡山大学大学院文化研究、二〇〇三年)、小畑隆資「植木枝盛とキリスト教――枝盛における『天賦自由』論の成立」『文化共生学研究』第二号(岡山大学大学院文化研究、二〇〇四年)を参照。

(20) 「駁浅野氏続宗教論」『朝野新聞』一八七六(明治九)年一〇月二四日、二五日付(中須賀竹治)。家永三郎『植木枝盛研究』九〇頁より再引用。

(21) 坂本直寛は後に献身することになる。坂本については、松岡僖一『幻視の革命――自由民権と坂本直寛』(法律文化社、一九八六年)、土居晴夫編『竜馬の甥　坂本直寛の生涯』(リーブル出版、二〇〇七年)参照。

(22) 家永三郎『植木枝盛研究』三七八―三七九頁、佐波亘編『植村正久と其の時代』第三巻(教文館、一九六六年)一六頁参照。

(23) 家永三郎『植木枝盛研究』八七―八八頁参照。書物に関しては、明治七年に明治初期のキリスト教入門書『天道溯原』を読んでいる（同書六六頁参照）。

(24) 家永三郎『植木枝盛研究』八八―八九頁参照。

(25)「七一雑報」一八八一（明治一四）年一二月二日号に掲載された宇野昨弥の説教「耶蘇教ノ自由」。家永三郎『植木枝盛研究』三七九―三八〇頁より引用。家永は「一二月二〇日号」としているが一二月二日号の誤り。その前の文脈は大事な言葉であるので、以下に引用する。「独リ怪ム世人未ダ心理ノ自由ヲ説キ以テ社会内ニ顕出シタル自由ノ原理ヲ探求（スル）ニ付テ深ク論弁ヲナス者世実ニ稀ナリ。（中略）真ノ自由ハ独リ真理ニ従ヘル方正謹直ノ心中ニ存ス。（中略）是自由ヤ（中略）徒ラニ政府ヲ罵詈シ扼腕切歯シ在朝ノ人ヲ敵視スルヲ名ケテ自由ノ所業トハナスベカラズ、妄リニ干戈ヲ玩弄シ奮然蹶起シ社会ノ騒乱ヲ煽動スルヲ以テ民権ノ専務トナスベカラズ。或ハ自由ノ天権ヲ剝奪セラレ之ヲ恢復スルノ法僅カニ腕力ノ外之ヲ恢復スルモノナキトキハ、宜ク之ヲ用ヒテ之ヲ恢復スベシ。例之米国革命ノ如ク然リ。（中略）是レ蓋シ政府ハ社会ノ為メニシテ社会ハ政府ノ為メニ構造セラレタルモノニ非ズ。真誠ノ自由ハ必ズ流レテ社会ノ万端ニ及ボシ決シテ壅塞スベカラザルナリ。当時（米国革命・南北戦争）ノ義血ハ多クハ基督教信者ノ精神ノ溢出シタルモノナリ。已上挙グル所、耶蘇教自由精神ノ溢出シタル万支流中ノ重大ナルモノナリ」（傍点筆者）。

なお、家永はこの説教内容について「はたしてこの伝道師は衷心から革命を支持する真情を持していたのであろうか」と疑問を投げかけ、「おそらく民権過激論の本場である高知立志社での説教であることを考え聴衆の反応を計算した上での言説にすぎなかったのではなかろうか」と述べている（同書三八〇頁参照）。

(26) 家永によれば、抵抗権そのものは流行のようにこの時代多くの場所で語られていた。家永三郎『植木枝盛研究』一〇九―一一〇頁参照。

(27) 特にトクヴィルの『上木自由之論』（『アメリカのデモクラシー』の当時の邦訳本）を読んでいたことは

興味深い。枝盛が閲読した欧米に関する翻訳書については家永三郎『植木枝盛研究』三四九―三五一頁参照。

(28) この投書は元々「猿人政府」と題していたが、編集者により「猿人君主」と無断で変更されたのである。題名は「人ヲ猿ニスル政府」と読み、言論・思想の自由の抑圧が「人ニ処スルニ猿ニ処スルノ道ヲ以テスル」に外ならないことを論じたものであった。『植木枝盛集』第三巻（岩波書店、一九九〇年）一六―一八頁所収。

(29)「自由ハ鮮血ヲ以テ買ハザル可カラザル論」『植木枝盛集』第三巻、四〇―四一頁。

(30)「自由ハ鮮血ヲ以テ買ハザル可カラザル論」四三頁。

(31) たとえば以下の二つの文章を参照せよ。

「畢竟自由と申すものは箇様に尊ひが故十分万全に之を保ち之を守り行かんと思ひ、仍《ヨ》て国を建て政府など云う会所を置き又法律を設け役人を雇て愈《いよいよ》この人民の自由権利を護らしめ、……己に右の通り政府を置くも法律を設くるも役人を雇ふも皆自由のためならざるはなく、然して戦を為るも争を為るも亦自由の関係なるもの多し。例へば亜米利加の英吉利国に叛て独立を為したるは、同地の人民が英吉利の政府より暴虐なる政を受け自由権利を圧しつけられて竟にこらへる能はず、十三州の民申合わせて七年の間戦を為し、とうとう之に打ち勝てそれより英吉利国の支配を脱けたるものにて、矢張自由の争いじや」（植木枝盛「民権自由論」一八七九［明治一二］年『植木枝盛集』第一巻［岩波書店、一九九〇年］一二頁）。

「天下に歴史夥しと雖も、未だ曾て米国独立の史より快なるは有らず、天下に戦争多しと雖も、未だ曾て米国独立の戦より義なるは有らず。予や髫齢《ちょうれい》より以還、美理堅《メリケン》の史を読むこと已《すで》に数回にして、未だ倦むことを知らず、自ら以為《おも》えらく只だ此の戦争の如きは、寔《まこと》に是れ自由の天に轟き、地に震う所以の者なり。宜《うべ》なるかな自由閣の警鐘、之を撃ち之を撃ち、之を撃ち之を破るに及んで、其の声囂々《ごうごう》として遥かに九皐《きゅうこう》に徹すれば、則ち山川の是《これ》に撼揺し、鬼神の是に泣哭すること、言うを得べからざるなり。独立の檄文、之を草し之を書し、之を飛ばして宇内《うだい》に布告するに及んでは、則ち坤輿《こんよ》の是に響動し、億兆の是に感起する者、測るを得べからざるなり」（「自由詞林」一八八七〔明治二〇〕年『植木枝盛集』第一巻、二八二頁。原文漢文をよみくだし文で引用）。

（32）植木枝盛「天賦人権弁」一八八三（明治一六）年『植木枝盛集』第一巻、六一頁。

（33）植木枝盛「天賦人権弁」『植木枝盛集』第一巻、一七二頁。

（34）「われわれは、自明の真理として、すべての人は平等に造られ、造物主によって、一定の奪いがたい天賦の権利を付与され、その中に生命、自由および幸福の追求の含まれることを信ずる」（『人権宣言集』一一四頁）。

（35）植木枝盛「言論自由論」一八八〇（明治一三）年『植木枝盛集』第一巻、六一頁。

（36）ここでのピューリタン的という意味は、多田素の証言にあるような聖書と教理研究に熱心という意味が強いであろう。「この教会（高知教会）の初代の人々は『ウエストミンスター略問答』によつて教育せられ、信者はみな、その略問答と聖書とを、交互に且つ熱心に学んだものである。ピユウリタン的な、頑固な、堅い、混じり気のない、妥協せぬ信仰生活の訓練を受けたのである。……従て、聖書研究会とか、教理研究会といふやうなものは、当時随分盛んであつた」（佐波亘編『植村正久と其の時代』第三巻、二六頁）。

（37）「駁浅野氏続宗教論」『朝野新聞』一八七六（明治九）年一〇月二四日、二五日付（中須賀竹治）。家永三郎『植木枝盛研究』九〇頁より再引用。

（38）拙論「キリスト教と人権思想」所収別紙資料「憲法対観表」参照。

第三章

（1）「駁浅野氏続宗教論」『朝野新聞』一八七六（明治九）年一〇月一四日、一五日。「宗教概論」一八七七（明治一〇）年一月二二日、二三日。「論祭祖先拝陵墓謬」『七一雑報』第二巻第二号、一八七七（明治一〇）年一月一二日（『植木枝盛集』第三巻収録）。

（2）「無神論」では「天地万物ノ顕象ノ大原因、霊妙神秘不可思議ナル所ノ者ヲ以テ上帝即チ造物者ト云フ独一真正ノ神ニ帰スル」は「野蛮未開ノ人民ガ」火の神水の神と「無根ノ妄想ヲ構ヘ無数ノ妄説ヲ信ジテ」いるのと同様の「憫笑スベキ」ものだと評した。植木枝盛「無神論」『植木枝盛集』第三巻、二九二―二九三頁。

（3）家永三郎『植木枝盛研究』九一―九三頁、三七七―三八二頁参照。

（4）これに対して小畑隆資は、むしろ信仰を深めていったとする考察を実証的に検証している。小畑隆資「『共生』の課題――植木枝盛とキリスト教」、小畑隆資「植木枝盛とキリスト教――枝盛における『天賦自由』論の成立」、拙論「キリスト教と人権思想――日本国憲法への影響をめぐって」『キリスト教と文化』二九号（青山学院宗教センター、二〇一四年）参照。

（5）この点に関して、家永は枝盛が自己神格化していき、自己否定の要素が希薄であることを指摘しているが、これも人間の罪に関する認識と関わるであろう。罪をどこで認識するかということであるが、キリストの神性の否定は自己相対化していく術を失っていく。家永三郎『植木枝盛研究』三九六―四〇三頁参照。

（6）「無天雑録」『植木枝盛集』第九巻（岩波書店、一九九一年）六九頁。この文言について、家永三郎『植木枝盛研究』三八〇頁も参照。

（7）松岡信一『幻視の革命――自由民権と坂本直寛』（法律文化社、一九八六年）四一頁。

（8）佐波亘編『植村正久と其の時代』第三巻、二六―二七頁。

（9）読者の中には、賀川豊彦の贖罪信仰に基づく社会運動を考える方がいるだろう。賀川の運動は再評価すべきものだが、その欠点も明らかである。それについては拙論「歴史の中の社会運動――社会的福音の影響をめぐって」『キリスト教と文化』二八号（青山学院大学宗教主任研究叢書、二〇一三年）四五―七〇頁を参照。

（10）植木枝盛「高天原モ自由ノ中ニ在リ　八百万ノ神モ自由ノ中ニ在リ」『植木枝盛集』第三巻、一八三頁。

（11）枝盛の自己神格化に対する批判について、家永三郎『植木枝盛研究』三九六―四〇三頁参照。

（12）『日本憲法科学の曙光』四四頁。
（13）『日本憲法科学の曙光』四一頁。
（14）『日本国憲法改正草案Q&A』（自由民主党憲法改正推進本部、二〇一二年一〇月発行）。
（15）本書では、教会のパースペクティブからこの課題に取り組んでいるが、教会ではない社会の中で課題にいかにして取り組めばよいのかということについては、拙論「日本におけるキリスト教人権思想の影響と課題」『キリスト教と文化』三一号、五―二七頁を参照。
（16）これは板垣退助について述べた文章の一節である。「最近死去せる名流」『植村全集』第七巻（植村全集刊行会、一九三二年）五七七頁。
（17）「眞正なる自由」『植村全集』第七巻、五三四頁。この文章は自由民権運動家片岡健吉の追悼会において語られた説教である。
（18）「眞正なる自由」五三三頁。
（19）ここで用いる「福音主義」とは、聖書に基づいてキリストの十字架による贖いを、説教によって明らかにしようとする立場を表している。拙書『フォーサイス神学の構造原理――Atonementをめぐって』（新教出版社、二〇一〇年）一五二―一五三頁参照。
（20）植村正久「今日の宗教論および道徳論」『植村正久著作集』第一巻（新教出版社、一九六六年）三〇八頁。
（21）P. T. Forsyth, *Faith, Freedom, and The Future* (London: Independent Press, 1955) 50. フォーサイスについては、拙書『フォーサイス神学の構造原理』を参照。
（22）Forsyth, *Faith, Freedom, and The Future*, 50.
（23）Cf. Forsyth, *Faith, Freedom, and The Future*, 120, 290, 347.
（24）教会から離れる傾向のあった社会運動家たちに「故郷に帰つて来るやるでないと生命の源が枯渇する……労働運動をやるのは結構だが、教会には帰て来いと屢云うのである」（吉野作造「社会と宗教」『吉野

作造選集』第一二巻〔岩波書店、一九九五年〕二〇八頁)。

(25)吉野作造については、近藤勝彦『デモクラシーの神学思想――自由の伝統とプロテスタンティズム』(教文館、二〇〇〇年)四六四―四九七頁参照。

(26)海老名をはじめ後に同志社大学に入る熊本バンドの者たちは、宣教師ジェーンズから「反教会的キリスト教理解が流れ込んでいた」のであり、既にキリストの神性を否定するキリスト教理解であったとする研究がある。落合建仁「明治期日本プロテスタント・キリスト教界に移入された、異なった聖礼典理解――ジェーンズと熊本バンドを手がかりに(一)(二)」『季刊教会』八一号、八二号(日本基督教団改革長老教会協議会・教会研究所、二〇一〇年、二〇一一年)二二―三〇頁(八一号)、三五―四六頁(八二号)。海老名のキリスト論については『植村正久著作集』(新教出版社、一九六六年)三二七―三五五頁参照。近藤勝彦「植村正久の贖罪理解とその今日的意義」『神学』六八号(東京神学大学、二〇〇六年)三―二七頁参照。

(27)『新人』(一九〇二〔明治三五〕年一月一日号)一五頁。近藤勝彦「植村正久の贖罪理解とその今日的意義」より再引用。

(28)近藤勝彦『デモクラシーの神学思想』四九〇頁。

(29)鈴木安蔵の妻俊子は、ラインホールド・ニーバーの著作を最初に翻訳した栗原基の娘である。栗原基訳『近代文明とキリスト教』基督教思想叢書第一巻(イデア書院、一九二八年)(*Does Civilization Need Religion? A Study in the Social Resources and Limitations of Religion in Modern Life*, New York: Macmillan Co., 1927)。栗原はニーバーの他にもマッギファート、ユニオンの教授でリバーサイド教会牧師ハリー・エマソン・フォズディックのイエスに関する書を二冊訳している。高橋義文「ラインホールド・ニーバーの著作の翻訳について」『ラインホールド・ニーバーの宗教・社会・政治思想の研究』(自費出版、二〇一三年)一六八―一六九頁参照。

(30)筆者は鈴木安蔵の長女理智子に家庭生活での鈴木安蔵についてインタビューした。それによれば長女は戦中青山学院旧制女学校、女子学院大学とミッションスクールに通い、英語などを学んで自由なる環境を享受していたけれども、鈴木も家族もキリスト教に関する意識は皆無であったという。

(31) キリスト教が社会の問題に関わる中で、社会運動には一方で教会形成を欠く傾向があり、他方でキリスト論に問題を伴う側面がある。教会が社会問題に関心を持ち、これに関わることはキリスト者の責任として重要なことであるが、日本のプロテスタント教会においては教会形成と社会形成を視野に入れた神学的考察が求められている。この点について、拙論「歴史の中の社会運動――社会的福音の影響をめぐって」『キリスト教と文化』二八号(青山学院大学宗教主任研究叢書、二〇一三年)四五―七〇頁を参照。

(32) 植村正久『植村全集』第五巻(植村全集刊行会、一九三三年)五二四―五二五頁。

第四章

(1) 加藤常昭編『ドイツ告白教会の説教』(教文館、二〇一三年)五〇一―五〇二頁。

(2) 加藤常昭『自伝的説教論』(キリスト新聞社、二〇〇三年)四八頁。

(3) 加藤常昭『自伝的説教論』一八頁参照。

(4) 加藤常昭『自伝的説教論』四九頁。

(5) 岡本嗣郎『陛下をお救いなさいまし――河井道とボナー・フェラーズ』(集英社、二〇〇二年)二〇六頁参照。岡﨑匡史『日本占領と宗教改革』(学術出版会、二〇一二年)二六五―二六六頁、三〇八頁参照。

(6) 岡本嗣郎『陛下をお救いなさいまし』二〇四頁。

(7) 岡﨑匡史『日本占領と宗教改革』三〇九頁。

(8) 本章執筆の基本資料として以下の資料を参考にした。安丸良夫・宮地正人校注『日本近代思想大系5 宗教と国家』(岩波書店、一九八八年)、遠山茂樹校注『日本近代思想大系2 天皇と華族』(岩波書店、一九八八年)。特に明治政府の宗教政策について、『宗教と国家』「解説」の安丸良夫「近代転換期における宗教と国家」と宮地正人「国家神道形成過程の問題点」、『天皇と華族』の遠山茂樹「解説」を参考にした。

(9)「王政復古の沙汰書」『天皇と華族』三頁。

(10)井上順孝・阪本是丸編『日本型政教関係の誕生』(第一書房、一九八七年)九一―九二頁参照。

(11)「浦上キリシタンに関する対話書」『宗教と国家』三〇九頁。

(12)『宗教と国家』四九八―四九九頁参照。島薗進は、この点で津和野派の大国隆正の影響に注目している。島薗進『国家神道と日本人』(岩波書店、二〇一〇年)一一六―一二二頁参照。

(13)神祇官とは朝廷の祭祀・宣教・諸国の官社を司る最高国家機関のことである。建物が消失したことにより応仁の乱以降幕末期まで神祇官は再興されなかったが、国学の興隆や神国意識の高まりと共に、神祇官を再興することが祭政一致の国柄の象徴であるという思想が台頭した。維新政府はこうした思想を継承して再興した。「祭政一致ノ制度ニ復シ神祇官ヲ再興シ諸家執奏配下ヲ廃シ諸神社神主等神祇官ニ付属セシムルヲ令ス」『宗教と国家』四二五頁。阪本是丸「明治神祇官」『神道事典』縮刷版(弘文堂、二〇一五年)一四三頁参照。

(14)一八六八(明治元)年三月二八日「仏語ヲ以テ神号ト為ス神社ハ其事由ヲ録上セシメ及仏像ヲ以テ神体ト為ス神社ヲ改メ社前ニ仏像仏具アル者ハ之ヲ除去セシム」(太政官)(『宗教と国家』四二五頁)。

(15)このため多くの寺院や仏教文化財が破却されるという事態も生んだ(『神道事典』一三八頁)。

(16)明治初期の天皇制的祭祀の形成過程は、村上重良『天皇の祭祀』(岩波新書、一九七七年)が詳しい。

(17)明治天皇が氷川神社に参拝した際(一八六八年一〇月二八日)、「神祇を崇び祭祀を重んずるは、皇国の大典にして、政教の基本なり」と述べて、そこに祭政一致の理念の実現を見ていた。引用は村上重良『天皇の祭祀』五四頁参照。

(18)一八七一(明治四)年五月から七月にかけて全国の神社を官社と諸社に分け、官幣社、国弊社、府社、県社、郷社、村社、無格社に序列化する社格制度が制定。島薗進『国家神道と日本人』一〇頁参照。

(19)村上重良『天皇の祭祀』七五頁参照。

(20) 一八七一（明治四）年七月、すべての国民が地域の神社に氏子として住民登録することを目指した。全国民を神社に登録させ、神社への帰属を確認。島薗進『国家神道と日本人』一〇頁。

(21)『宗教と国家』五二三頁（かな改め）。

(22)『宗教と国家』四九三頁。

(23) 安丸良夫『神々の明治維新──神仏分離と廃仏毀釈』（岩波新書、一九七九年）二〇八─二〇九頁。井上順孝・阪本是丸編『日本型政教関係の誕生』参照。

(24)「浦上四番崩れの発端」『宗教と国家』二八三頁。

(25)「浦上キリシタン弾圧に関する対話書」『宗教と国家』三〇三─三一三頁参照。

(26)「浦上キリシタン弾圧に関する対話書」『宗教と国家』三〇五頁。

(27)「浦上キリシタン弾圧に関する対話書」『宗教と国家』三〇六頁

(28)「浦上キリシタン弾圧に関する対話書」『宗教と国家』三一〇頁

(29)「浦上キリシタン弾圧に関する対話書」『宗教と国家』三〇九頁

(30)「浦上キリシタン弾圧に関する対話書」『宗教と国家』三〇九頁

(31)「アダムス書翰における岩倉の天皇制理解」『宗教と国家』三一四頁。

(32) 例えば和歌山藩の家老、水野忠央の家士二八名は、一八五三（嘉永六）年に次のように述べている。

「さて、貿易を進め、その国の人民に厚く利を取らせ、能なつけ、それより衆をたぶらかすに妖教の耶蘇をすすめ、次第に国民と親しく相なり、人々もその法を深く信仰いたすにいたる、あるいは阿片煙草の類にて、人々これに心酔いたし、その味を忘れ得ず、ついには精心かれつかるを知らず、かくそくし、その国の人心ゆるみ、気おこたり候油断を伺い、それより軍艦をさし向け、一挙に攻敗り、その国を手に入候仕方、多年の工夫をこらし候事、甚巧に御座候」（藤井禎文『開国期基督教の研究』［国書刊行会、一九八六年］二〇二頁［一部かな改め］、古屋安雄『日本の神学』［ヨルダン社、一九八九年］七六頁より引用）。

(33)「アダムス書翰における岩倉の天皇制理解」『宗教と国家』三一二頁。

（34）古屋安雄『日本の神学』七六―七八頁参照。
（35）「アダムス書翰における岩倉の天皇制理解」『宗教と国家』三一五―三一六頁。
（36）「アダムス書翰における岩倉の天皇制理解」『宗教と国家』三一四頁。
（37）「浦上キリシタン弾圧に関する対話書」『宗教と国家』三〇五頁。
（38）「浦上キリシタン弾圧に関する対話書」『宗教と国家』三一〇頁。
（39）山崎渾子『岩倉使節団における宗教問題』（思文閣出版、二〇〇六年）参照。
（40）『宗教と国家』五四八頁。
（41）「法令一覧」（「宣布大教詔（大教宣布の詔）」）一八七〇（明治三）年一月三日、『宗教と国家』四三一頁（現代仮名遣い）。
（42）「法令一覧」（「三条ノ教則ヲ定ム」）一八七二（明治五）年四月二八日、『宗教と国家』四四六頁。
（43）島地黙雷「三条教則批判建白書」『宗教と国家』二三六頁。
（44）「尊王遵朝云々。臣謹テ案ズルニ、尊王ハ国体也、教ニ非ザル也」（島地黙雷「三条教則批判建白書」『宗教と国家』二三九頁）。同様の仏教側の解釈については、五四三頁参照。
（45）「法令一覧」一八七五（明治八）年一一月二七日、『宗教と国家』四六八頁。
（46）「法令一覧」一八八二（明治一五）年一月二四日、『宗教と国家』四八〇頁。
（47）このことから、祭祀を行う「国家神道」と宗教活動を行う「教派神道」が成立する。平野武『明治憲法制定とその周辺』（二〇〇四年、晃洋書房）一九六頁参照。
（48）『宗教と国家』五八八頁。
（49）島薗進『国家神道と日本人』一五頁。
（50）『宗教と国家』四九四頁。

第五章

（1）『神道事典』九頁、一八頁参照。

（2）例えば、千家も反対していたが次のように軌道修正した。「神道を以て宗教の外の者とし、神社を以て尊王愛国の人心を養成する基礎として教化」（千家尊福「神道のあり方につき意見書」『宗教と国家』八三―八八頁参照）。

（3）『宗教と国家』五五一頁。

（4）ルカによる福音書第二三章二節、ヨハネによる福音書第一九章一二節参照。P・ティリッヒ「キリスト教思想史I――古代から宗教改革まで」『ティリッヒ著作集』別巻2（白水社、一九八〇年）六七頁参照。
古代ローマを描いた塩野七生や『バカの壁』を書いた養老孟司などは、同様の論理で、一神教ではなく多神教を主張し、八百万の神で宗教的寛容が成り立つことを訴えているが、歴史において多神教を基にした制度は条件付きの寛容であって、思想史的に見れば人権を守る制度ではないのである。

（5）興味深いことは、明治以降になって迫害の対象がカトリックではなく、プロテスタントに集中するところである。宣教師を通してヨーロッパとの繋がりを強化したカトリックは、国の方針に迎合するところがあったと言える。例えば、戦中・戦後のカトリックの方針は国の宗教政策に合わせていくのである。その意味で、明治以前の隠れキリシタンはプロテスタント的要素が強くあったと言えるかもしれない。それでも、同様の問題はプロテスタント教会においても起こる。問題の本質は、宗教団体が制度化していくときに、国家単位の交渉の中で抵抗が困難になる弱点があることであろう。制度化は悪ではないが、この問題を克服するものが必要となってくるだろう。高木一雄『明治カトリック教会史研究（中）』「キリシタン文化研究シリーズ19」（キリシタン文化研究会、一九七九年）三五五頁以下の教皇の天皇への親書などを参照。

（6）神道の非宗教化を立憲体制において成り立たせるために、伊藤博文たちはドイツの学者たちから多く学び、ドイツ・プロイセン流憲法の理論を採用している。その中でもシュタイン、グナイストの影響は大きいであろう。伊藤は彼らから講義を受け、「皇室の基礎を固定し、大権を不墜の大眼目は充分相立候」と言い、英米の自由民権論に対抗できる理論を学んで、「心私に死処を得るの心地仕候。将来に向かって相楽居候事に御座候」（平野武『明治憲法制定とその周辺』六四頁）と言っている。

シュタインについては、実現しなかったが伊藤が彼を日本に招聘しようとしたことからも、その影響の大きさを知ることができる。シュタインは日本の状況をよく理解しており、天皇の神権政治の方向性も知っていた。彼自身は歴史から天皇の神権政治（王権神授説）を否定しており、時代は国民主権へと向かっていると理解していたが、神道の非宗教化を進めていた。この両者がなぜ成り立つかを考察する課題があるが、理神論的に合理的にその方向性を勧めた。さらに教育の重要性も伝えた。シュタインについては平野武『明治憲法制定とその周辺』を参照。

(7) 稲田正次『明治憲法成立史』下巻（有斐閣、一九六二年）五六七頁（かな改め）。

(8) 「大日本帝国憲法」『日本近代思想大系9　憲法の構想』（岩波書店、一九八九年）四三一頁（かな改め）。

(9) 美濃部達吉『逐条憲法精義』四〇〇―四〇二頁。『宗教と国家』五五一―五五二頁参照。ドイツの法学者が「人民」とした憲法案を、井上が「臣民」として天皇に仕える家来と変更したことに、すでにこの方向性がある。現在日本国憲法でもGHQ草案のpeopleを人民ではなく「国民」と訳したが、これも国家至上主義と同じ原理であると言えるだろう。

(10) 島薗進は、教育と同時に祝祭日システムやメディアを通した神道的観念と実践の流布・習得による国民への浸透を指摘している。特に、一八六八年に天皇一代を一つの元号とする一世一元制が、国民の時間意識の中に天皇の存在を結びつけていくことが意図されていたことは重要である。島薗進『国家神道と日本人』二〇頁、二六頁、九四頁参照。

(11) 山崎渾子『岩倉使節団における宗教問題』参照。他にもシュタインの影響も考えられるだろう。彼は「大学校を支配せしめ、学問の方嚮を定めしめなば、実に現今の弊を矯め、将来の為め良結果を得ること疑いなしと信ず」と日本に書き送っている。平野武『明治憲法制定とその周辺』一八六―一八七頁参照。島薗進は教育への関心に皇学の影響（長谷川昭道）も見ている。

(12) 稲田正次『教育勅語成立過程の研究』（講談社、一九七一年）一〇七頁。

(13) 稲田正次『教育勅語成立過程の研究』一〇九頁。

(14) 稲田正次『教育勅語成立過程の研究』一〇九頁。

(15) 稲田正次『教育勅語成立過程の研究』一一一頁。

(16) 稲田は天皇も森有礼の入閣に危惧していたことを指摘している。もちろん、二〇代であった明治天皇が独自に見解を見せることは考えにくいが、元田の影響が大きかったことは言うまでもないだろう。しかし、森が「修身以下の科目をかかげていたのを削除」（一一四頁）したことは、稲田が指摘しているように「道徳教育が軽視されわ〔ママ〕しないかと天皇に助言していたかもしれなかったと思う」（一一四頁）というのは妥当だろう。つまり、明治天皇にとっても修身の道徳教育は、国体を確立させるためにも死活問題と認識された可能性がある。

教育に関して、元田は大いに危惧したが、実際の森の教育観は政府と同じ路線であった。伊藤が求めていたことに応えており、軍国主義の下地を作った。井上毅も森の教育に賛同していたのである。稲田正次『教育勅語成立過程の研究』一一八―一二四頁、一二六―一二八頁。

(17) 稲田正次『教育勅語成立過程の研究』一二二頁。

(18) 『教育の体系』三八五―四〇七頁参照。副田義也『教育勅語の社会史――ナショナリズムの創出と挫折』（有信堂高文社、一九九七年）一二三―一四六頁参照。

(19) 植村の寄稿文「不敬罪と基督教」は『教育の体系』三九三―四〇七頁に収録。

(20) 『宗教と国家』五五八―五五九頁。

(21) 島薗進『国家神道と日本人』二一四頁。

(22) 岡﨑匡史『日本占領と宗教改革』。

(23) 例えばマッカーサーの次の言葉にも表れている。「キリスト教だけが自由を重要視し日本に民主主義をもたらすことを現実化できる。なぜなら人間の尊厳を自明とし、全知全能の神がすべての創造主であると信じているからである」（岡﨑匡史『日本占領と宗教改革』二八六頁より引用）。

(24) 岡﨑匡史『日本占領と宗教改革』三〇二―三〇四頁参照。

(25) "Memorandum from: Bunce, To: Col. Dyke, Subject: Shinto and Politics," 30 October 1945, Box 5932-29, CIE (A) 08682-08685, GHQ/SCAP Records, RG331, NA. 岡﨑匡史『日本占領と宗教改革』一七五頁より引用。

(26) 岡﨑匡史『日本占領と宗教改革』一五五―一六三頁参照。

(27)「憲法調査会第三委員会第十四回会議議事録」一九六〇（昭和三五）年三月九日、憲法調査会編『憲法調査会三委員会会議議事録1―20』（大蔵省印刷局）一〇―一一頁。憲法調査委員会での文部大臣・前田多門の証言。岡﨑匡史『日本占領と宗教改革』一五四頁より引用。

(28) 岡﨑匡史『日本占領と宗教改革』二〇三頁。

(29)『神道事典』一三八―一四一頁参照。

(30) 長崎である歴代の熱心なキリスト者が、「くんち」という諏訪神社の祭りが大好きで、その音が聞こえると礼拝を休んで見に行きたがるほどであった。また別の熱心なキリスト者は「あれは宗教ではなく、文化だから」と説明していた。問題は、その認識の背後に明治政府の宗教政策が影響していることを知らないことである。

(31) 日本には強い平等思想がある。それは「天皇の赤子」という平等観である。天皇の赤子という言葉は戦後もはや死語となっているが、構造そのものは残っている。この思想が誕生し日本に根付いていく過程については、また別の機会に発表する。「天皇の赤子」という平等観については、村松晋から示唆を受けた。

第六章

(1) この論文は無署名であったが、誤って長らく植村正久のものとされてきた。『植村正久と其の時代　第四巻』佐波亘編（教文館、一九三八年）に「『基督教と皇室』と題する、植村正久の明快なる論文が載せられてある」との解説があり（八〇八頁）、『植村正久著作集　第一巻』（新教出版社、一九六六年、三七一―四四頁）にも収められた。しかし、『小崎弘道自筆集11』には、「基督教と皇室」と題する毛筆の草稿があり、ほぼ同じ文章であること、また小崎執筆の『基督教ト国家』（警醒社、一八八九年八月）に論旨が似ていることから、今日小崎の論文とされている。『天皇と華族』（岩波書店、一九八八年）では植村の名前で収録されたが、関係者の指摘により『近代史料解説総目次・索引』（岩波書店、一九九二年、二二六頁）には著者は無署名とせず小崎の名前が（推定）として記されることになった。

斯く言う筆者も同じ過ちを犯してきたので、本書第二版でこれを修正した。

本文では遠山茂樹校注『天皇と華族』（岩波書店、一九八八年）一九八―二〇六頁に収録されたものを使う（本書ではかな改め）。

（2）『天皇と華族』一九八頁。

（3）『天皇と華族』一九八頁。

（4）この論文では皇室との関係に限定して述べているが、一方で、人民や社会への影響について、人民の福祉、政治、道徳、学問へのキリスト教のよき影響があることを指摘している。特に、キリスト教が人民の福祉の確立に影響していることを洞察している点は優れている。人民の福祉とキリスト教人権との関係については、拙論「日本におけるキリスト教人権形成の影響と課題」『キリスト教と文化』三一号（青山学院センター、二〇一六年）五―二七頁参照。

（5）『天皇と華族』一九九頁。

（6）聖書的根拠に以下の箇所が挙げられている。ローマの信徒への手紙第一三章一―七節、ペトロの手紙一第二章一三―一四節、一八節、コロサイの信徒への手紙第三章二二―二三節、『天皇と華族』一九九頁。

（7）聖書的根拠に使徒言行録第四章一九―二〇節、五章二九節が挙げられている。

（8）『天皇と華族』二〇一頁。

（9）『天皇と華族』二〇一頁。

(10)『天皇と華族』二〇一頁。
(11)『天皇と華族』二〇一頁。
(12)P・ティリッヒ『ティリッヒ著作集』別巻2、七二頁。
(13)欧米の良心、品行そして道徳思想はキリスト教から生まれたこと、国を破壊に陥れる勢力は不平不満によっており、その不平をいやすのは宗教であって、キリスト教が社会の秩序に大いなる力があることを歴史が実証していることを訴えた。したがって、我が国の皇室を安寧し、社会の秩序を保持するのは、キリスト教の力だと主張している。『天皇と華族』二〇四―二〇五頁参照。
(14)『天皇と華族』二〇六頁。
(15)『天皇と華族』二〇二頁。
(16)天皇を神格化する動きへの反対は、この当時各方面からもまだ行われていた時代であった。けれども、教育勅語以降、その発言は厳しい弾圧にさらされることになり、次第に影を潜めていった。
(17)『天皇と華族』二〇二頁。
(18)加藤常昭「説教者に問う」『説教黙想アレテイア』八六号(日本キリスト教団出版局、二〇一四年)二―八頁参照。
(19)加藤常昭「雪ノ下カテキズム講話」『加藤常昭全集30』(教文館、二〇〇六年)。
(20)加藤常昭・平野克己「説教の〝儀式化〟を克服するために」『説教黙想アレテイア』八八号(日本キリスト教団出版局、二〇一五年)七頁参照。
(21)加藤常昭『雪ノ下カテキズム』(教文館、一九九〇年)三七七頁。
(22)加藤常昭「雪ノ下カテキズム講話」一九七頁。
(23)加藤常昭「雪ノ下カテキズム講話」一八二頁。
(24)加藤常昭「雪ノ下カテキズム講話」一八七頁。
(25)加藤常昭「雪ノ下カテキズム講話」一八四頁。

(26) 加藤常昭「雪ノ下カテキズム講話」一九七—一九九頁参照。
(27) 加藤常昭「雪ノ下カテキズム講話」一九七—一九九頁参照。
(28) 加藤常昭「雪ノ下カテキズム講話」一九八—一九九頁参照。
(29) 加藤常昭「雪ノ下カテキズム講話」一九八頁。
(30) 加藤常昭「雪ノ下カテキズム講話」一八六頁。
(31) 加藤常昭「雪ノ下カテキズム講話」一八七頁。
(32) 加藤常昭「雪ノ下カテキズム講話」一九〇頁。
(33) 加藤常昭「雪ノ下カテキズム講話」一八四頁。
(34) 加藤常昭「雪ノ下カテキズム講話」一九一頁。
(35) 加藤常昭「雪ノ下カテキズム講話」一八八頁。
(36) 加藤常昭「雪ノ下カテキズム講話」一九五頁。
(37) 加藤常昭「雪ノ下カテキズム講話」一九六頁。
(38) 加藤常昭「雪ノ下カテキズム講話」二一〇頁。
(39) 加藤常昭「雪ノ下カテキズム講話」二一一頁。

第七章

(1) ティリッヒ「キリスト教思想史Ⅰ」『ティリッヒ著作集　別巻2』五八頁参照。
(2)「ヘルマスの牧者」荒井献編『使徒教父文書』(講談社文芸文庫、一九九八年) 三一六頁。
(3) 中村敏『日本キリスト教宣教史——ザビエル以前から今日まで』(いのちのことば社、二〇〇九年) 六一頁参照。
(4) 中村敏『日本キリスト教宣教史』六一—六五頁参照。
(5) 鯖田豊之『生きる権利・死ぬ権利』(新潮社、一九七六年) 四一—五五参照。古屋安雄『日本の神学』

四九—五〇頁参照。
(6)鯖田豊之『生きる権利・死ぬ権利』四三頁。
(7)鯖田豊之『生きる権利・死ぬ権利』四二—四三頁。
(8)鯖田豊之『生きる権利・死ぬ権利』四三頁。
(9)鯖田豊之『生きる権利・死ぬ権利』四五—四九頁参照。
(10)『神道事典』三一頁参照。
(11)『神道事典』三一頁参照。
(12)『神道事典』三三一頁。
(13)『神道事典』三三二頁。
(14)R・ボーレン『憧れと福音』加藤常昭訳(教文館、一九九八年)。
(15)ボーレン『憧れと福音』二四頁。
(16)ボーレン『憧れと福音』二五頁。
(17)ボーレン『憧れと福音』五〇頁。
(18)ボーレン『憧れと福音』五一頁。
(19)本文ではボーレンの訳を用いた(ボーレン『憧れと福音』五三頁)。新共同訳では以下のようになる。「被造物だけでなく、〝霊〟の初穂をいただいているわたしたちも、神の子とされること、つまり、体の贖われることを、心の中でうめきながら待ち望んでいます」。
(20)ボーレン『憧れと福音』五〇頁。
(21)ボーレン『憧れと福音』五一頁。
(22)ボーレン『憧れと福音』六九頁。
(23)ボーレン『憧れと福音』六九—一〇八頁に収録。
(24)ボーレン『憧れと福音』七一頁。

(25)ボーレン『憧れと福音』七二頁。
(26)ボーレン『憧れと福音』七二頁。
(27)ボーレン『憧れと福音』七三頁。
(28)ボーレン『憧れと福音』八二頁。
(29)ボーレン『憧れと福音』七四頁。
(30)ボーレン『憧れと福音』七八頁。
(31)ボーレン『憧れと福音』七九頁。
(32)M・ルター『卓上語録』植田兼義訳(教文館、二〇〇三年)一六一頁。
(33)P. T. Forsyth. *Socialism, the Church and Poor* (London: Hodder & Stoughton, 1908) 11-12から引用し、筆者の訳。
(34)ボーレン『憧れと福音』八五頁。
(35)ボーレン『憧れと福音』九〇―九一頁。
(36)『説教黙想集成2　福音書』加藤常昭編訳(教文館、二〇〇八年)一八九頁。
(37)『説教黙想集成2　福音書』一八九頁。
(38)加藤常昭『主イエスの背を見つめて』「現代説教選書3」(ヨルダン社、一九七一年)。後に教文館から再版している。「主イエスの背を見つめて――福音の真髄」『加藤常昭説教全集26』(教文館、二〇〇六年)。本書ではヨルダン社のものを参照。
(39)加藤常昭『主イエスの背を見つめて』二二八頁。
(40)加藤常昭『主イエスの背を見つめて』二二八頁。
(41)加藤常昭『主イエスの背を見つめて』二三四頁。
(42)『説教黙想集成2　福音書』一九〇頁。
(43)『説教黙想集成2　福音書』一七〇―一七一頁。

(44) ボーレン『神が美しくなられるために——神学的美学としての実践神学』(教文館、二〇一五年)八〇頁。

(45) ボーレン『神が美しくなられるために』八〇頁。

あとがき

今、日本の人権は危機的状態にあります。しかも、人権を失わせていく動きに歯止めをかけることができないでいます。その最大の要因の一つは、人権を法律に定めて保障しようとした原動力と歴史的経緯を日本人が知らないことにあります。本書は、そこにキリスト教の福音が究めて大きな役割を果たしていたことを明らかにし、これからの日本の教会の使命に一つの筋道を示すものとして、主に牧師・信徒向けに書いたものです。

今年（二〇一六年）の一一月には日本国憲法公布七〇年を迎えます。今、この憲法を改正しようとする動きが加速しています。国民もこの動きをどうとらえればよいのか分からずにいます。国の姿が変わろうとしているこの問題について様々な立場からの研究がありますが、キリスト教会の信仰の立場からこの主題を扱ったものはごく僅かです。この記念の節目の年に、日本の重要な局面において、人権の法制化過程と日本国憲法の成立過程にあるキリスト教の影響を紹介する機会が与えられ、感謝しております。

筆者が本書の主題に関心を示したのは二〇一二年のことです。民主党政権から自民党へと政権が変わりつつあった当時、社会の中で「押しつけ憲法」論が大きく取り上げられるようになっていました。日本国憲法が外からの働きかけなくして成立し得なかったことは理解していましたが、「押しつけ」という受け取り方には違和感がありました。なぜならば、日本国憲法成立時の世論調査では国民の八〇パーセント近くが新憲法に賛成していたからです。つまり、押しつけられたと受け止めたのは、国民ではなく、当時の日本の政府だったのでしょう。

ところが、「押しつけ憲法」論を主張している立場が勢いを持ちました。「押しつけ憲法」は憲法を改正するためのロジックでしたので、いよいよ自民党政権に変わる可能性が濃厚となったとき、どのような憲法に変えようとしているのかを調べる必要を感じ、自民党の『日本国憲法改正草案Q&A』を読みました。そこで事柄の深刻さを感じ、背筋の凍る思いをしたことを記憶しています。

改憲草案の性格を一番よく表していたのは、憲法第九七条の基本的人権についての名文を全文削除することです。本文でも何度も引用していますが、非常に重要な条文ですのでここでも紹介します。

『日本国憲法』　第九七条

この憲法が日本国民に保障する基本的人権は、人類の多年にわたる自由獲得の努力の成果であつて、これらの権利は、過去幾多の試練に堪へ、現在及び将来の国民に対し、侵すことのできない永久の権利として信託されたものである。

最高法規に掲げる基本的人権に関するこの名文を全文削除する改憲案に驚愕しました。しかも、二〇一二年四月二七日発行の『Q&A』にはこの変更について一つも説明がなされていませんでした。ここに自民党改憲案の性格が表れています。自民党政権は、このような憲法に変えようと提案して選挙に臨み、勝利をおさめました。この出来事に危機感を覚え、筆者の憲法制定史に関する研究が始まりました。

当初、神学的な関心はありませんでした。この過程にキリスト教の影響があるとは想像もしていなかったのです。取り組んだ理由は、この国に生きている一人の人間として、この国の成り立ちと将来についてしっかりと知っておきたいと思ったからです。手がかりとして助けられたのがNHKの番組でした。二〇〇七年に放送されたNHK・Eテレ特集『焼け跡から生まれた憲法草案』が再放送されたのです。最初の放送も見て記憶していましたが、そこで鈴木安蔵の存在を再確認しました。さらに二〇一二年NHK・Eテレで『日本人は何を考えてきたのか――明治編』が影響史的な観点から鈴木に触れる番組を放送しました。その番組で、植木枝盛、吉野作造、鈴木安蔵というつながりを教えられたのです。

さっそく鈴木安蔵に関する著作を読み漁りました。そこで、鈴木がキリスト者の家庭に育ったことを知りました。そのあたりから、この一連のつながりの中にキリスト教が関わっているのではないかと気づいたのです。なぜそう感じたかと言うと、筆者の恩師である大木英夫先生を通してイェリネック・テーゼを聞かされており、人権思想史にキリスト教の影響があることを教えられていたからです。そのキリスト教人権思想が潜在的な仕方で自由民権運動期から日本に入ってきていたのではないかという着眼に至りました。

この視点は当たっていました。実証的な調査を進めるにあたり、吉野作造はもちろんのこと、植木枝盛もキリスト教と接点があったことが判明しました。それだけでなく、当時の自由民権運動の優れた私擬憲法にキリスト教人権思想がかなり強く影響していることが分かってきたのです。一方で、思想的な課題も浮き彫りになってきました。詳しくは本文を読んでいただきたいと思いますが、研究を進める中でその課題に応える存在として教会の使命を改めて自覚しました。

最初、この研究成果を論文形式でまとめて日本基督教学会で発表しましたが、まったく見向きもされませんでした。この論文に注目してくれたのは、なんと仏教界でした。仏教的背景を持つ京都の宗教専門紙『中外日報』の「涙骨賞《るいこつ》」最優秀賞に選ばれたのです。審査に当たられた方々は山折哲雄氏、末木文美士氏、島薗進氏という錚錚たる顔ぶれでした。他宗教の学問的研鑽にも耳を傾けられる諸先生方の姿勢に感銘を受け、このことがきっかけとなり、日本における仏教や神道の影響にも関心を持つようになりました。本書の第四章と第五章はこの出会いを通して与えられた視点です。この場を借りて、中外日報社と論文に目を留めてくださった審査員の先生方に感謝を申し上げます。

なお、本書は教会の使命に焦点を当てましたが、教会ではない社会がこの問題とどう取り組むべきかという主題は、別の形で発表する予定でいます。

本文で言及できなかったいくつかの日本の課題と動きについて、今考えている思いを少し自由に書かせていただきたいと思います。

二〇〇九年から二〇一二年まで民主党政権を経たことによって、今まで深刻に認識されてこなかった日本の仕組みが浮き彫りになりました。その一つが日米関係です。アメリカとの関係は、戦後の日本の解放と復興に貢献している存在として好意的に受け止められてきた側面が強くあります。実際に、アメリカなくして今日の日本の民主化と経済的繁栄はあり得なかったでしょう。

一方で、そのアメリカなくして成立できない戦後日本の仕組みを理解している国民はほとんどいなかったと思います。その内実が露にされるきっかけが先の三年の間に起こりました。それは偶然も重なっていました。鳩山首相（当時）による米軍基地移転の発言と迷走、大震災による福島原発と日本の原発の謎。これらの疑問へ解答するかのように、ウィキリークスやスノーデンによる秘密公文書が暴露される出来事が起こりました。ジャーナリストの矢部宏治はこの点に注目して、『日本はなぜ、「基地」と「原発」を止められないのか』（集英社インターナショナル、二〇一四年）を出版しました。彼はその中で、日本の不可解な現実を整理し、その疑問に答えるように裏づけとなる歴史的公文書を紹介しました。その内容は衝撃的で、突きつけられる現実と問題の根が深すぎて目が眩みますが、読み応えのある書物です。

彼は日本の負の現状を作り出した原因を実証的に明らかにした点で優れています。戦後のアメリカが日本に何を仕掛けたのかを再検討する意味でも、一つのきっかけを作るものだと思います。けれども、日本の課題の解決として憲法を自分たちで作ろうという彼のラディカルな提案は、思想史的に見ると危険な主張です。将来的に改憲はあり得ますが、彼の主張は飛躍していて、かえって危険な将来を招きます。

ジャーナリストである矢部は、公文書を通して表面的な事実の繋がりを辿りながら今の日本の姿の解明を目指しました。それは日本に負をもたらした消極的側面でしたので、すべてを新しく変えようというラディカルな提案に導かれたのです。けれども、歴史の中には、表面に現れていない積極的動きが潜在的に存在しています。彼に欠けているのはそれを見抜く視点です。なぜこのことを問題にするかと言うと、日本を良くしようと善意で考える彼の優れた問題提起も、結局〈改憲〉ということで、彼が抗おうとする勢力と同じ動きをしていることに気づいていないからです。

「総論賛成、各論反対」という仕方でなかなか議事が進まないことはかつてよく見受けられましたが、今起こっていることは「総論反対、各論賛成」という事態です。これが上手く進んでしまうのです。たとえば、九条を守ろうとする人々の心にかなう「新九条」が提案されると、ある人々はこれならば変えても良いと思うでしょう。すると全国の「九条の会」が分裂して、その後どのような改正になるかを自覚せずに憲法改正の勢力になり得るでしょう。同様に、矢部の主張は、結局自分が批判している改憲勢力の支えとなる行動を促したことになっているのです。

法は人間が形成するものです。ですからその人間の価値基準が確かでなければなりません。手順としては、「人類の多年にわたる自由獲得の努力の成果」を自分たちの共通価値として日本人が受け止めることが先です。具体的に言えば、今の人権を崩す改憲勢力に対して国民がそれを護れるかにかかっていのです。日本国憲法は形式的には外から与えられたものですが、人権を崩す力に対して国民がその価値を守ったならば、その憲法の文言は国民の主体性を反映したものとなります。その勢力が主体となって改憲するのならば意味があります。その価値を国民のものとすることが先なのです。

歴史を見ていくと、敗北したかのように思える政治的な動きの背後で、それに負けていない動きがあります。負に思える政治的出来事の背後で、歴史的に形成されてきた文化価値があるのです。思えば、聖書が証しする神の救いの出来事も、歴史的に見れば祭司長や律法学者たちの政治的勝利を通して実現しています（マルコによる福音書一四章一―二節）。もし、表面的な負の側面に目を奪われて、それをすべて摘み取ることになれば、「毒麦を集めるとき、麦まで一緒に抜くかもしれない」（マタイによる福音書一三章二九節）ということになるでしょう。

福音は歴史を見抜く洞察力を鍛えます。それは人に忍耐と希望を求めます。その歩みを辿るとき、今わたくしどもに与えられている人権が「人類の多年にわたる自由獲得の努力の成果」であることがわかるでしょう。本書で紹介したのはその歴史を形成した動力です。特に人権思想史に注目するとき、人権は神権に基礎づけられて発展してきたことが分かります。その理由は、聖書が証しする神は人間を人格的存在として創造されたからです。その神を神とするとき、人を人格的存在とすることがはじまるのです。

本書は、二〇一六年三月六日に東京説教塾で講演した原稿に最終章を加えてまとめたものです。これまで論文形式で発表した人権とキリスト教の主題を、キリスト教会の使命に焦点を当てて、教会の牧師・信徒向けに改めて執筆しました。

複雑なところもありますが、できるだけ信徒の方を意識して書きました。その理由にはある教会員との対話があります。かつて長崎で牧師をしていたとき、誘われて核兵器廃絶運動の集会に行きました。会場のロビーのベンチでうつむいて座っている教会員を見つけて話しかけました。彼は私の顔を見て喜び、このような思いを伝えてくれました。「社会運動の活動に出かけると周りの仲間から、なぜ日曜日に教会に行くのだ、としばしば問われる。教会に行って何の意味があるのだ。活動に来る方がよっぽど意味があるじゃないか。そう問われて、自分でもそれに反論することができないのですよ」。その時の歯がゆい思いを今でもよく覚えています。教会の礼拝を重んじることが、十字架のキリストを信じることが、いま直面している現代の諸問題にどういう意味を持っているのかを明らかにし、勇気と希望を与える伝道者になりたい、とそのとき強く思いました。どれだけその思いに応えているか心許ないですが、教会の信仰に生きる者の励ましになり得れば幸いと願いながら、本書をお送りする次第であります。

本書の第四章と五章は二〇一五（平成二七）年度の科学研究費助成金（若手研究〈B〉）の研究成果の一部です。本書の編集・出版にあたっては教文館の渡部満氏と髙木誠一氏と福永花菜氏に大変お世話になりました。心から感謝を申し上げます。

二〇一六年五月三日　憲法記念日

森島　豊

第二版での修正について

重版にあたって、読者からご指摘いただいた誤植等を訂正しました。

特に、第六章で取り上げた『六合雑誌』「キリスト教と皇室」は、長らく植村正久による論文とされてきましたが、ほぼ同じ文章が『小崎弘道自筆集』に草稿として収録されていることから、今日では小崎が執筆したと考えられています。初版では既刊の『天皇と華族』にしたがって植村と記述しましたが、上記の経緯をふまえ、第二版では論文を小崎のものとし、本文と注に大幅な加筆・修正を施しました。

二〇一七年二月一一日　信教の自由を守る日

《著者紹介》
森島 豊（もりしま・ゆたか）
1976年生まれ。東京神学大学大学院博士前期課程修了、聖学院大学大学院博士後期課程修了（哲学博士）。日本基督教団長崎平和記念教会牧師を経て、現在は青山学院大学総合文化政策学部教授・大学宗教主任。中外日報社「第11回涙骨賞」最優秀賞受賞（2015年）。青山学院学術賞（2021年）。
著書『フォーサイス神学の構造原理――Atonementをめぐって』（新教出版社、2010年）、『これからの日本の説教――説教者加藤常昭をめぐって』（共著、キリスト新聞社、2011年）、『イエス・キリストを説教するとは』（共著、キリスト新聞社、2014年）、『抵抗権と人権の思想史――欧米型と天皇型の攻防』（教文館、2020年）、『近代日本宗教史　第五巻――敗戦から高度成長へ　敗戦～昭和中期』（共著、春秋社、2021年）ほか。
訳書『説教をめぐる知恵の言葉 下――古代から現代まで』（共訳、キリスト新聞社、2011年）。

人権思想とキリスト教――日本の教会の使命と課題

2016年6月30日　初版発行
2025年5月10日　5版発行

著　者　森島　豊
発行者　渡部　満
発行所　株式会社　教文館
〒104-0061　東京都中央区銀座4-5-1　電話03(3561)5549 FAX 03(5250)5107
URL　http://www.kyobunkwan.co.jp/publishing/
印刷所　モリモト印刷株式会社

配給元　日キ販　〒112-0014　東京都文京区関口1-44-4
電話03(3260)5670　FAX 03(3260)5637

ISBN 978-4-7642-6115-0　Printed in Japan